MARKUS BÖTEFÜR

Angeln — lernen

Schritt für Schritt

KOSMOS

Inhalt

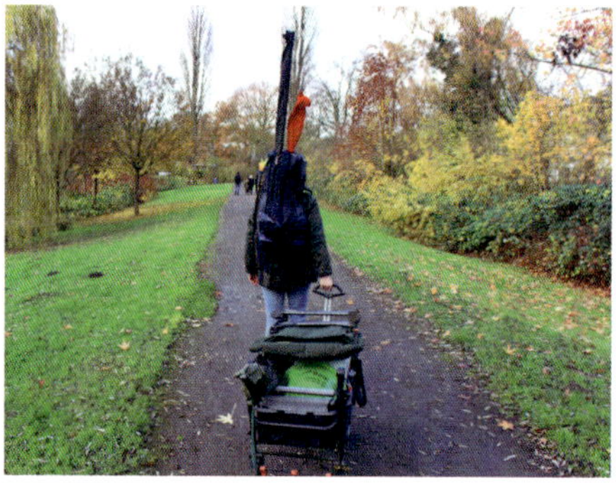

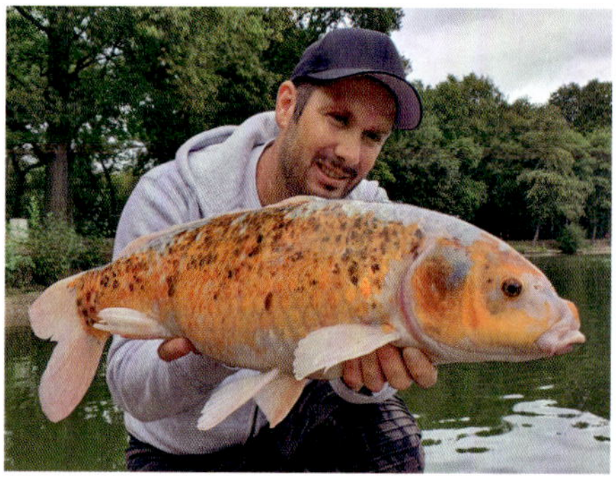

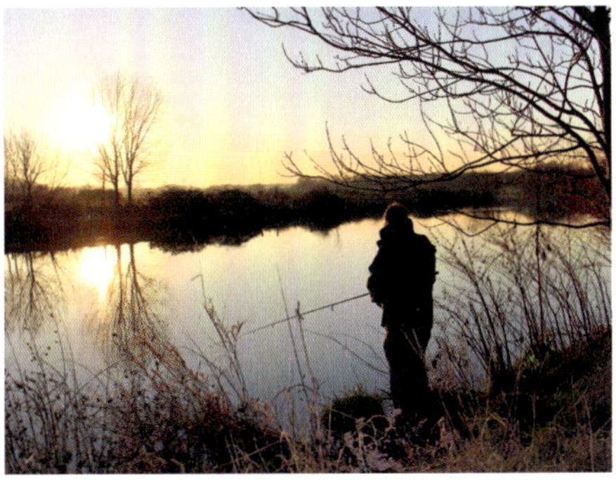

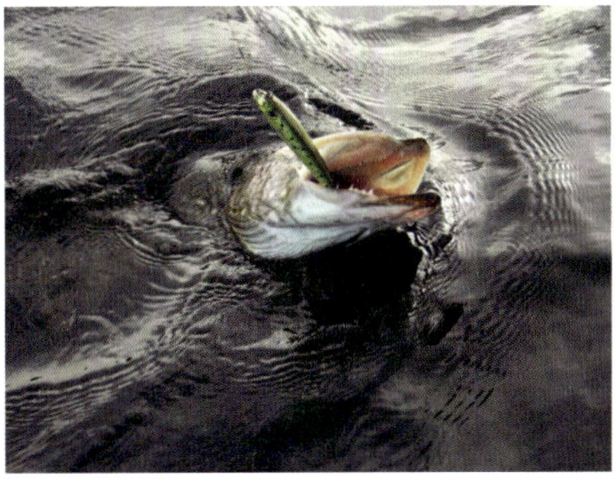

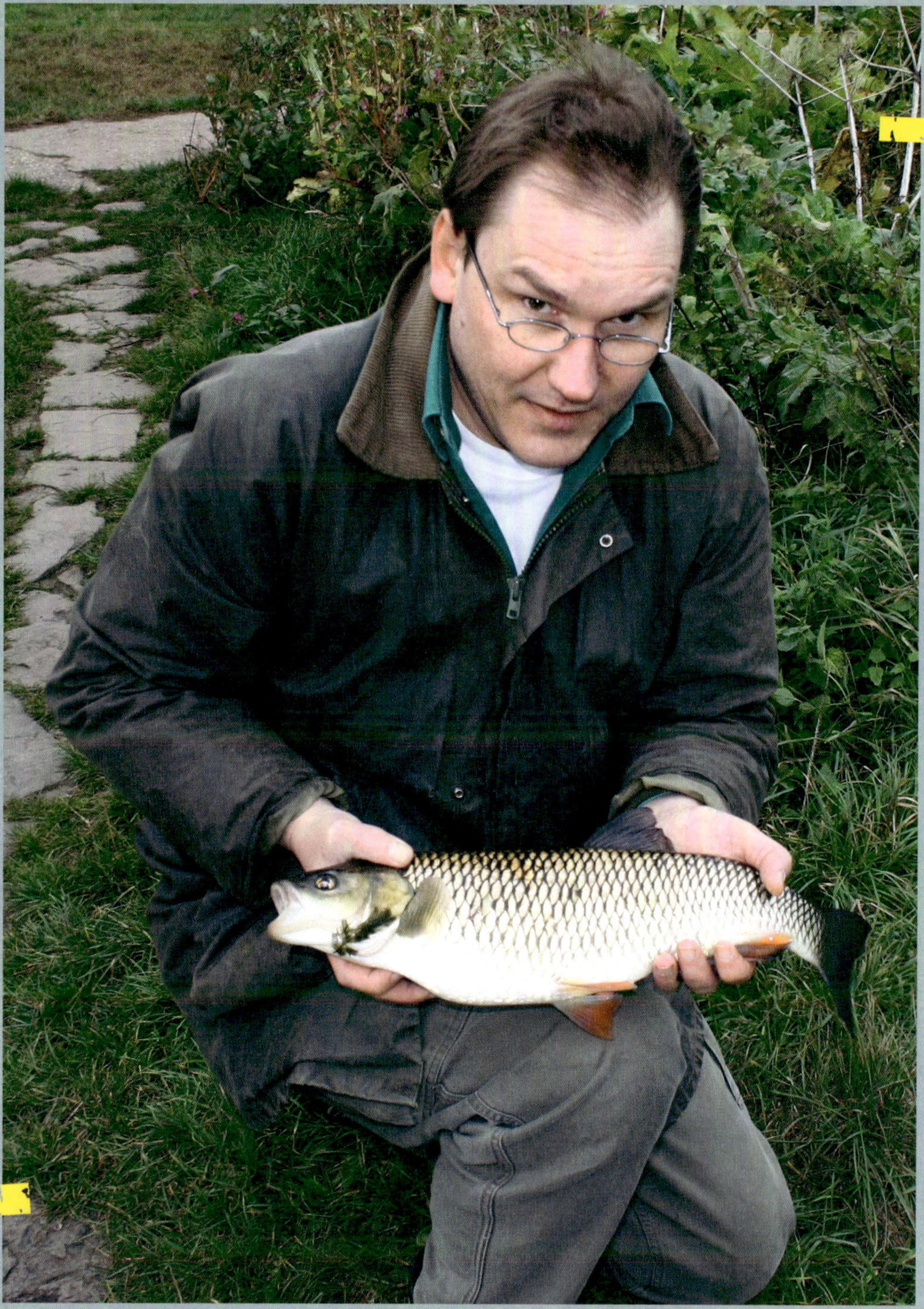

Beim Angeln kann man jeden Tag dazulernen.

Suchtbegleitung

So – die Fischerprüfung ist bestanden – was nun? Angler sprechen vom schönsten Hobby der Welt. Damit es das wird, helfen ein paar gute Ratschläge.

Angeln kann zu einer lebenslangen Sucht werden. Ob man schon als Kindergartenkind seinen ersten Fisch am Haken hatte oder erst mit dem Eintritt ins Rentenalter sein neues Hobby gefunden hat, spielt keine Rolle, denn wen das Fischvirus packt, den lässt es in der Regel nie mehr los. Viele Einsteiger stehen jedoch oft an den Ufern der Seen, Flüsse und Bäche wie der sprichwörtliche Ochse vor dem Berg und wissen vor lauter theoretischem Fachchinesisch nicht, wo sie mit welcher Methode wie und wann angeln sollen.

Auf den folgenden Seiten möchte ich Ihnen die ersten Schritte ins Leben als Petrijünger erleichtern und Ihnen Tricks und Kniffe an die Hand geben, die Ihnen helfen, rasch zum ersten Fangerfolg zu kommen. Dass viele dieser Tipps raubfischlastig ausgefallen sind, ist nicht nur meiner persönlichen Vorliebe als eingefleischter Hecht- und Zanderangler geschuldet, sondern trägt auch den Trends des modernen Sportfischens Rechnung.

Angeln hat nämlich schon längst nicht mehr viel mit dem herkömmlichen gemütlichen Würmchenbaden von anno dazumal zu tun. Moderne Methoden wie Spinnfischen und Streetfishing haben aus dem einstigen Hobby für Opas eine sportlich orientierte Form der aktiven Freizeitgestaltung gemacht, deren Reiz nicht allein im Fangen von Fischen liegt, sondern vor allem auch darin, dass man an jedem Angeltag etwas dazulernt.

Petri Heil

Markus Bötefür

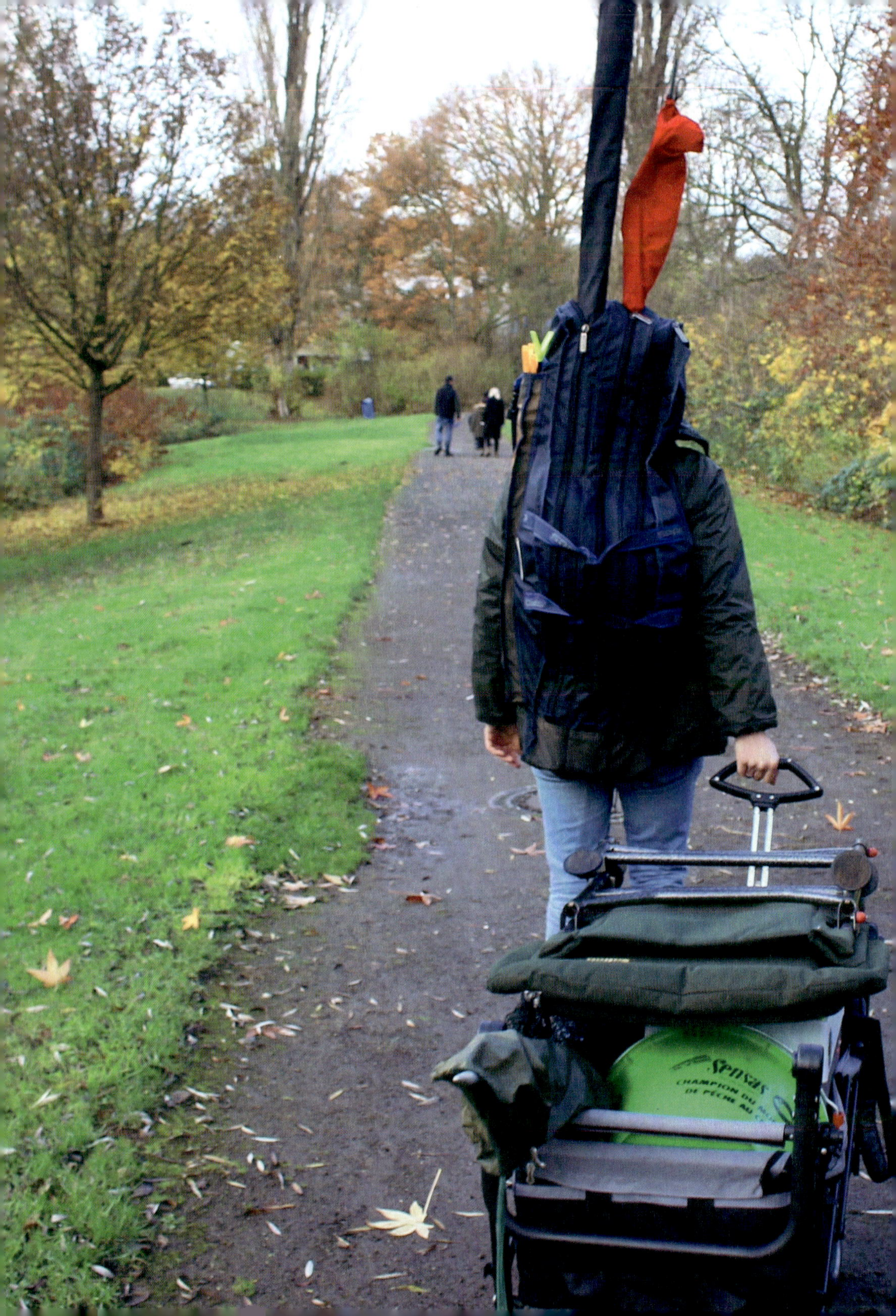

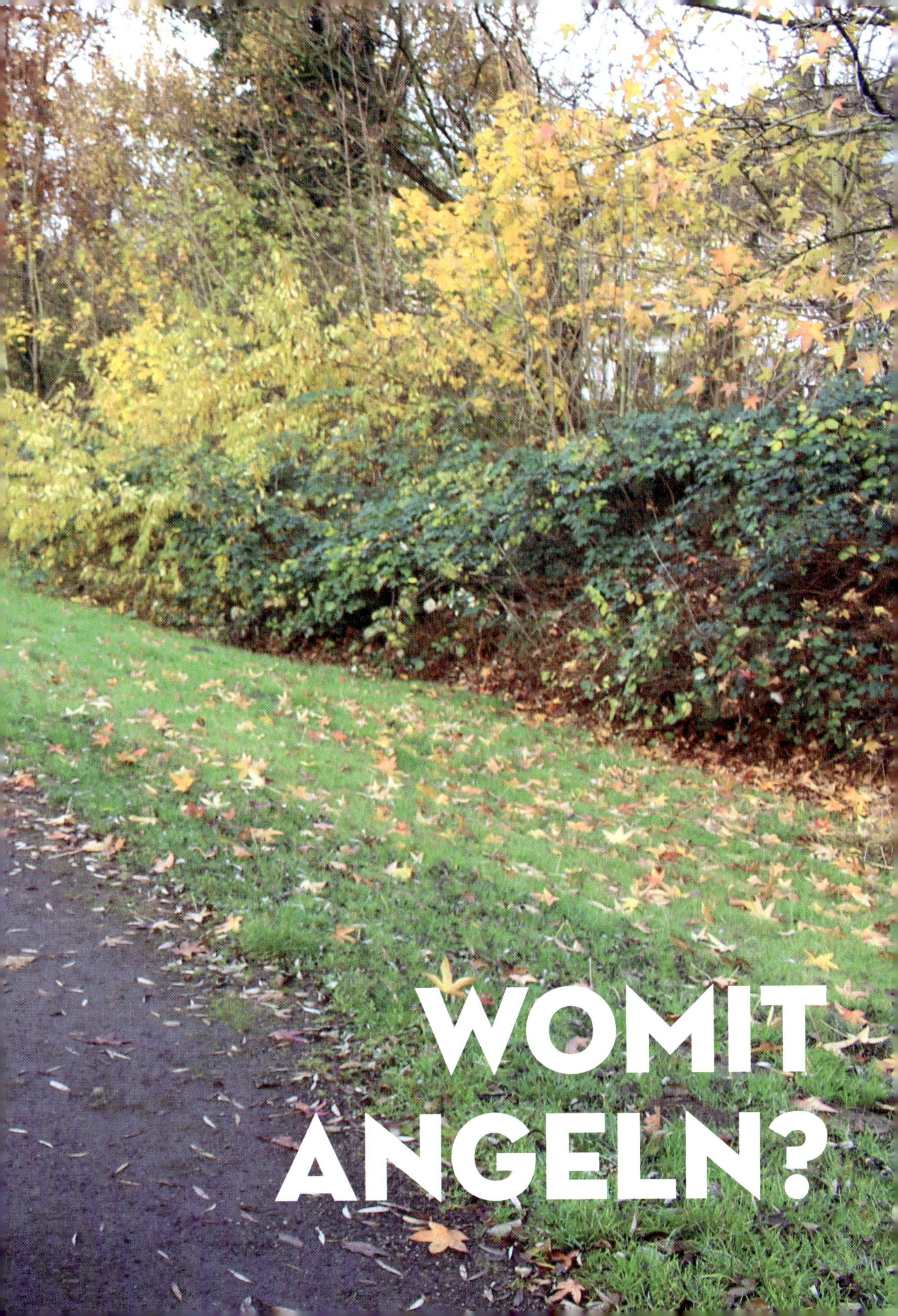

WOMIT ANGELN?

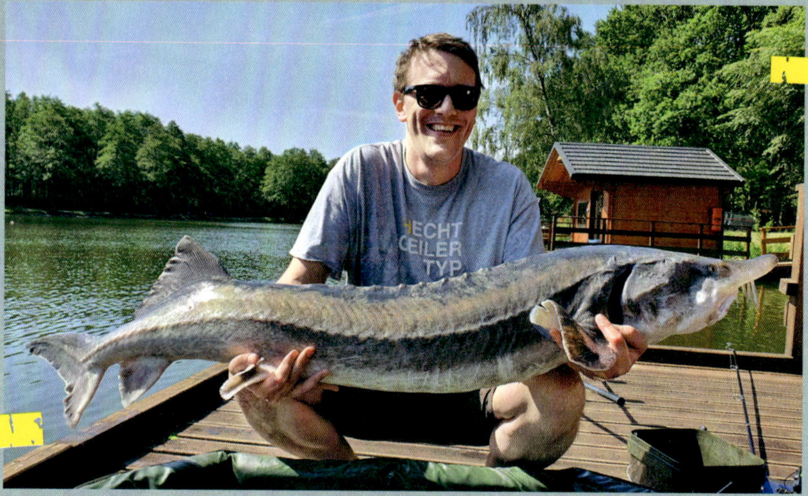

1. Wer eine Karpfenrute besitzt, hat den idealen Stock zum Fang größerer Fische, wie diesen Stör.
2. Unterfangkescher sind bei der Landung größerer Fische, hier eines Hechtes, für Einsteiger unentbehrlich.

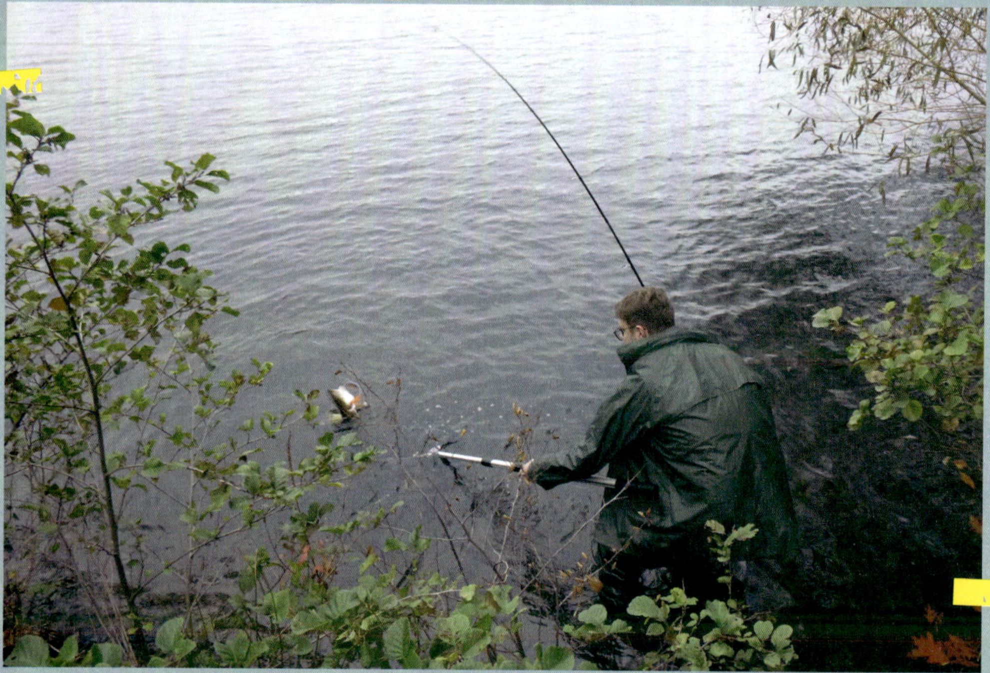

Das Gerät

Die Frage nach dem Womit ist beim Angeln leicht beantwortet. Zum sportlichen Fischfang benötigt man eine Angel, bestehend aus Rute, Schnur, Haken und Köder. Dass diese seit Jahrtausenden bewährte Grundausrüstung in der modernen vom Freizeitwert geprägten Welt sehr minimalistisch wäre, versteht sich von selbst.

Auch gibt der „Fischreichtum" der vom Menschen geprägten Welt nicht mehr die Bestände her, um mit einer solchen Ausrüstung mehr als einen Zufallstreffer landen zu können. Zum modernen Angeln gehört heute etwas mehr, da es beim Sportfischen nicht mehr nur darum geht, ein paar Fische für den Kochtopf oder die Pfanne zu fangen. Die meisten Petrijünger sind heute Zielfischangler. Da man nach Bestehen der Sportfischerprüfung aber noch nicht absehen kann, für welche Angelmethode und welche Zielfischart man sich im Verlauf seiner Anglerkarriere entscheiden wird, ist es für Einsteiger ratsam, so viel wie möglich auszuprobieren. Dass man dafür nicht unbedingt eine große Ausrüstung benötigt und auch kein Vermögen in die Angelgeräteläden tragen muss, liegt wie beim Einstieg in jedes Hobby auf der Hand. Statt sich für eine große Billig-Erstausrüstung zu entscheiden, ist man deutlich besser beraten, weniger, dafür aber qualitativ hochwertigeres Material zu kaufen. Wer für so gut wie alle Belange des Grund- und Spinnfischens gerüstet sein will, der kommt in seiner ersten Saison mit drei Ruten und zwei Rollen aus.

RUTEN

Zum Fang von Weißfischen, Schleien, Aalen, Barschen, Forellen (an kommerziellen Teichen), kleineren Karpfen sowie Zandern genügt eine mittlere Feeder- oder Grundrute mit einem Wurfgewicht von 100 Gramm. Sie sollte eine Länge von 3,6 bis 3,9 Metern haben. Das relativ hohe Wurfgewicht der Feederrute ist nötig, um weite Distanzen (auch beim Angeln auf Zander und Aale) zu überwinden.

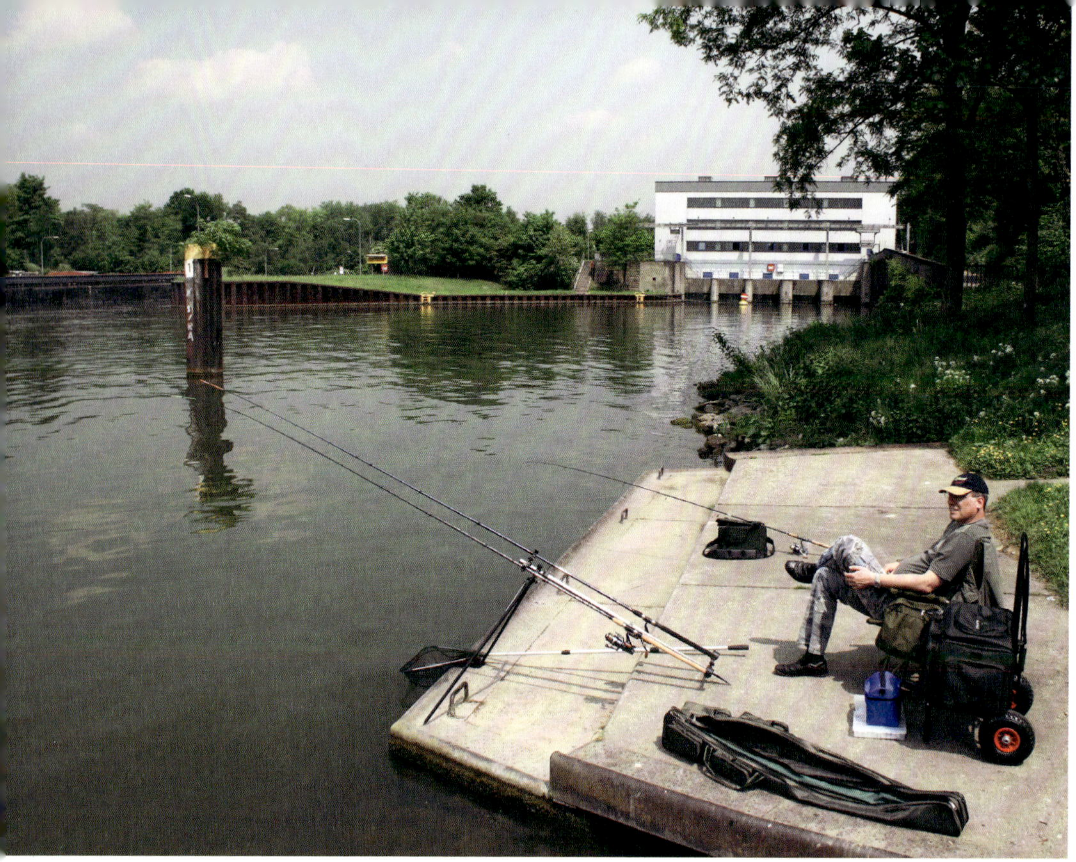

Für jeden Zweck gibt es die richtige Rute.

Zum Grundangeln auf Karpfen, Aale, Hechte und größere Zander ist eine Karpfenrute (Bolie-Rute) mit einer Testkurve von 2,5 lbs. und einer Länge von 3,6 Metern die richtige Wahl. Dieser Stock besitzt genügend Wurfgewicht und Rückgrat, um auch schwere Köder weit werfen zu können und größere Fische sicher auszudrillen.
Als dritte Rute kommt eine Spinnrute hinzu. Sie kann auch zur Grundrute umfunktioniert und überall dort eingesetzt werden, wo man mit zwei Ruten angeln darf oder möchte.

FINGER WEG VON SETS!

Fast alle Angelgerätehersteller bieten Sets (bzw. Kits) bestehend aus Rute, Rolle, Schnur und Kleinzeug an. Bei diesen Zusammenstellungen handelt es sich in der Regel um billigsten Schrott, der nicht einmal die wenigen Euro wert ist, die für ihn verlangt werden.

ROLLEN

Für fast alle Belange des Raub- und Friedfischangelns reichen Stationärrollen der Größe 2 bis 3 (zu erkennen an ihrer Typenbezeichnung, die meist mit 2000 oder 3000 endet). Diese Rollen passen zu den oben empfohlenen Ruten. Wichtig ist eine gut justierbare Bremse und eine reibungslose Schnurverlegung. Alle modernen Rollen ab einer Preisklasse von etwa 80 Euro erfüllen diese Voraussetzungen. Die meisten Rollen werden mit zwei Spulen (Wechselspulen) geliefert. Wenn eine der Spulen mit monofiler 0,25er und die andere mit 0,30er bewickelt ist, hat man die für das Grundangeln an den meisten Seen, Flüssen und Bächen stets richtige Schnurstärke auf der Rolle. Wer oft an Flüssen angelt, ist gut beraten, eine der beiden Rollen als sog. Freilaufrolle anzuschaffen, denn sie erlaubt Grundangeln mit geöffnetem Schnurfangbügel, was bei herkömmlichen Rollen nur in stehenden Gewässern möglich ist.

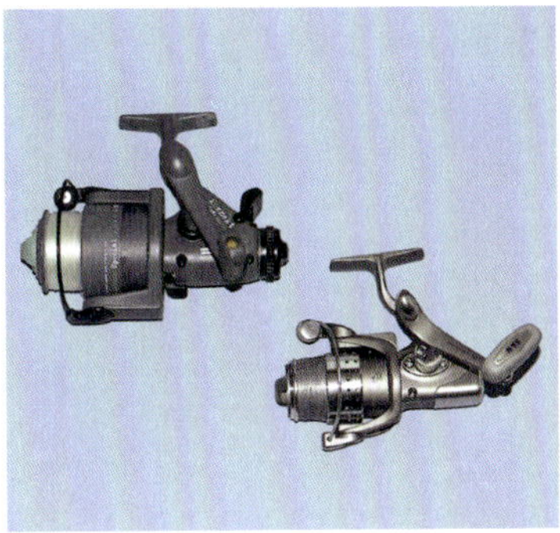

Freilaufrolle (links) im Vergleich zur normalen Stationärrolle.

Die zweite Rolle sollte für den Einsatz als Spinnrolle angeschafft werden (siehe Kapitel Spinnfischen).

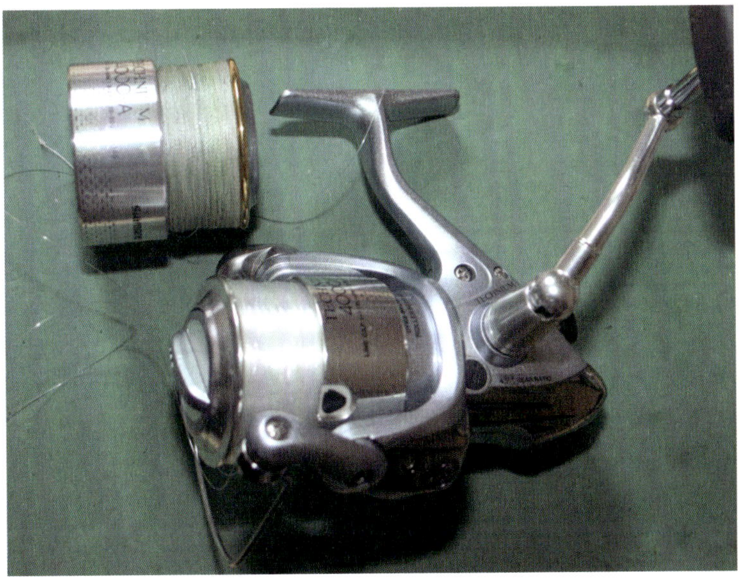

Rollen mit zwei Spulen sind ideal, um auf unterschiedliche Bedingungen reagieren zu können.

Beim Spinnfischen sollte man signalfarbene Schnur verwenden. Sie hat man bei Würfen besser im Auge als herkömmliche Leinen.

SCHNUR

Einsteiger sollten zum Grundangeln nur monofile (also herkömmliche) Angelschnur verwenden. Sie lässt sich weitaus leichter knoten, ist unempfindlicher und bedeutend preiswerter als die heute besonders bei Spinnfischern beliebte geflochtene Schnur. Am besten lässt man die Rollen beim Gerätehändler mit qualitativ hochwertiger Schnur bespulen.

KNOTEN

Die beste Schnur ist nur so gut wie ihr schlechtester Knoten. Damit man beim Drill eines größeren Fisches keine bösen Überraschungen erlebt, müssen Knoten absolut präzise gebunden werden. Mit dem doppelten Clinchknoten und dem Blutknoten kommen sowohl Ansitzangler wie auch Spinnfischer in allen erdenklichen Situationen sehr gut zurecht.

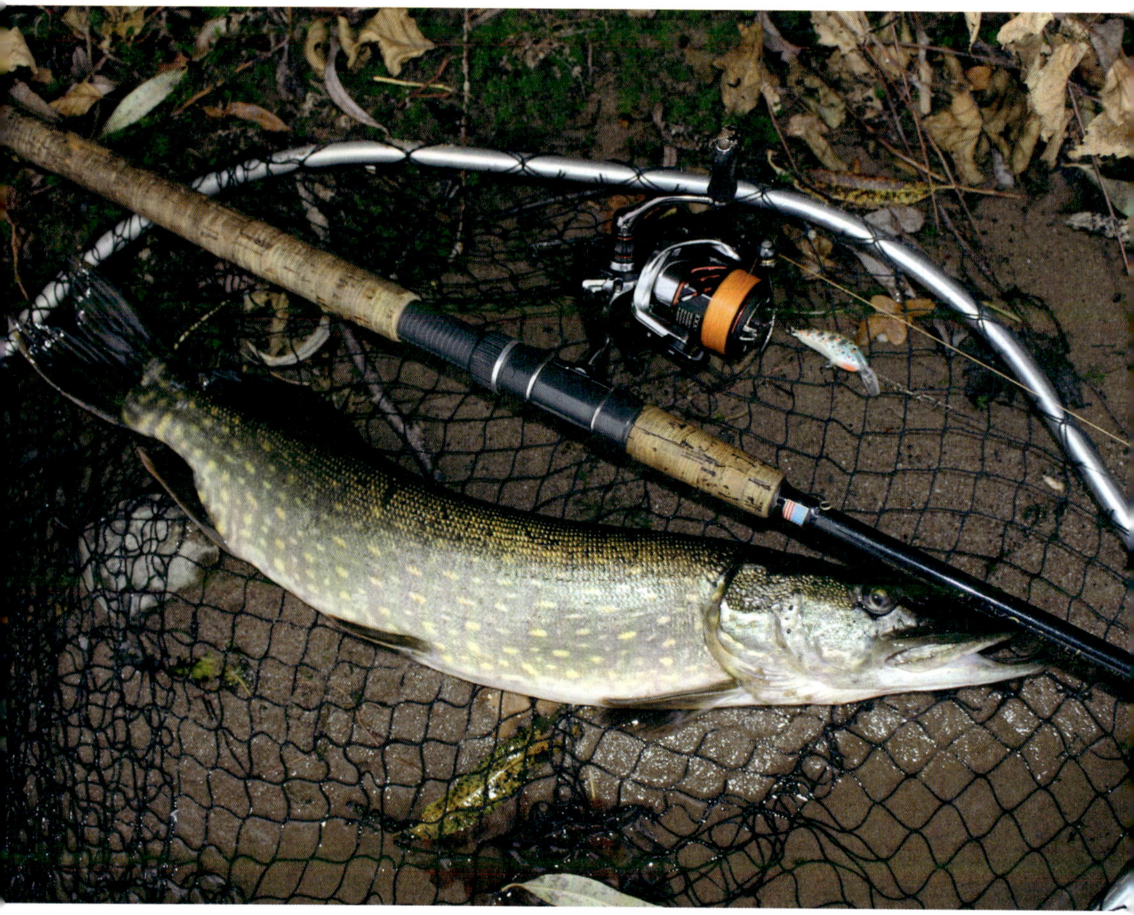

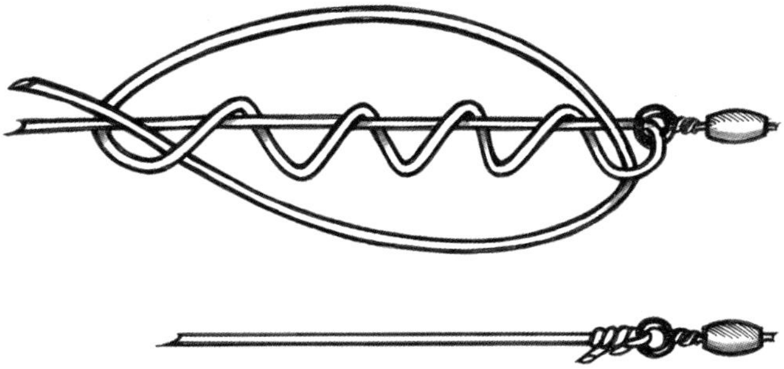

Doppelter
Clinchknoten

DOPPELTER CLINCHKNOTEN

Dieser Knoten eignet sich sowohl für monofile als auch für geflochtene Schnur und zählt zu den Klassikern. Er wird zur Befestigung von Wirbeln und Karabinern verwendet und hat eine sehr gute Festigkeit. Bei der Herstellung des doppelten Clinchknotens muss darauf geachtet werden, dass die Windungen stets nebeneinander und keinesfalls übereinander liegen.

BINDETECHNIK

Schritt 1: Die Schnur doppeln und durch das Öhr des Wirbels ziehen.
Schritt 2: Bei monofiler Schnur sechs bis sieben, bei geflochtener Leine sieben bis zehn Windungen um die gedoppelte Schnur legen. Bei oberflächenversiegelten geflochtenen Schnüren sollten zwei bis drei Windungen mehr gelegt werden.
Schritt 3: Das Ende der Schnur durch die Schlaufenöffnung der ersten Windung ziehen.
Schritt 4: Durch langsamen und stetigen Zug an beiden Schnurenden den Knoten bilden.
Schritt 5: Zum Schluss die Schnurenden kappen und die Festigkeit des Knotens durch gleichmäßigen und immer stärker werdenden Zug testen.

WAS IST EIGENTLICH NASSKNOTENFESTIGKEIT?

Die angegebene Knotenfestigkeit monofiler Angelschnur bezieht sich auf deren sog. Nassknotenfestigkeit. Der Begriff hat nichts mit der Tragkraft des Knotens unter Wasser zu tun, sondern gibt die tatsächliche Tragkraft einer Angelschnur am fachmännisch gebundenen Knoten an. Um die optimale Tragkraft einer Schnur (und somit auch ihrer Knoten) zu erreichen, muss eine Angelschnur beim Knotenbinden mit Wasser oder Speichel angefeuchtet werden, denn nur so kann eine Beschädigung durch Reibungshitze beim Zuziehen des Knotens vermieden werden.

BLUTKNOTEN

Blutknoten dienen zum Verbinden von zwei Schnüren von etwa gleicher Stärke. Bei Schnüren unterschiedlicher Dicke muss die dünnere Schnur mit mehr Windungen gebunden werden. Bei extremen Unterschieden (z. B. beim Verbinden von sehr dünner geflochtener mit relativ dicker Fluorocarbonschnur) sollte die dünne Schnur mit bis zu doppelt so vielen Windungen verlegt werden. Der fertige Knoten ist recht dünn und geht beim Wurf leicht durch die Ringe, sodass er zur Befestigung recht langer Vorfächer perfekt ist.

WAS IST SCHNURHÄRTE?

Unter harter Schnur versteht man eine monofile Leine, die wenig Dehnungspotenzial aufweist. Hergestellt wird harte Angelschnur, um die Wünsche von Ansitzanglern zu befriedigen, die Anhiebe oft über weite Distanzen setzen müssen. Meist ist harte Schnur braun, sandfarben, marineblau oder grün gefärbt, um über schlammigen oder sandigem Grund bzw. im

1. Schritt 1: Die Schnüre umeinander wickeln
2. Schritt 2: Die beiden Enden verknoten.

1

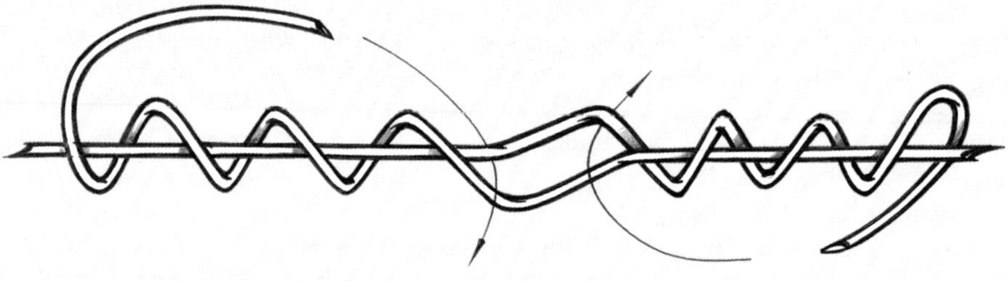

2

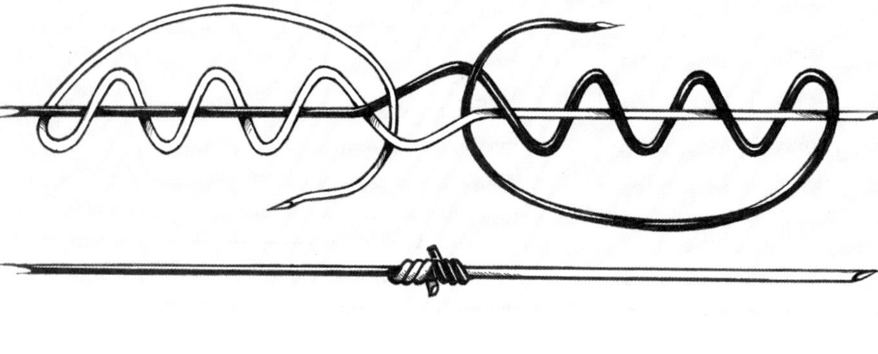

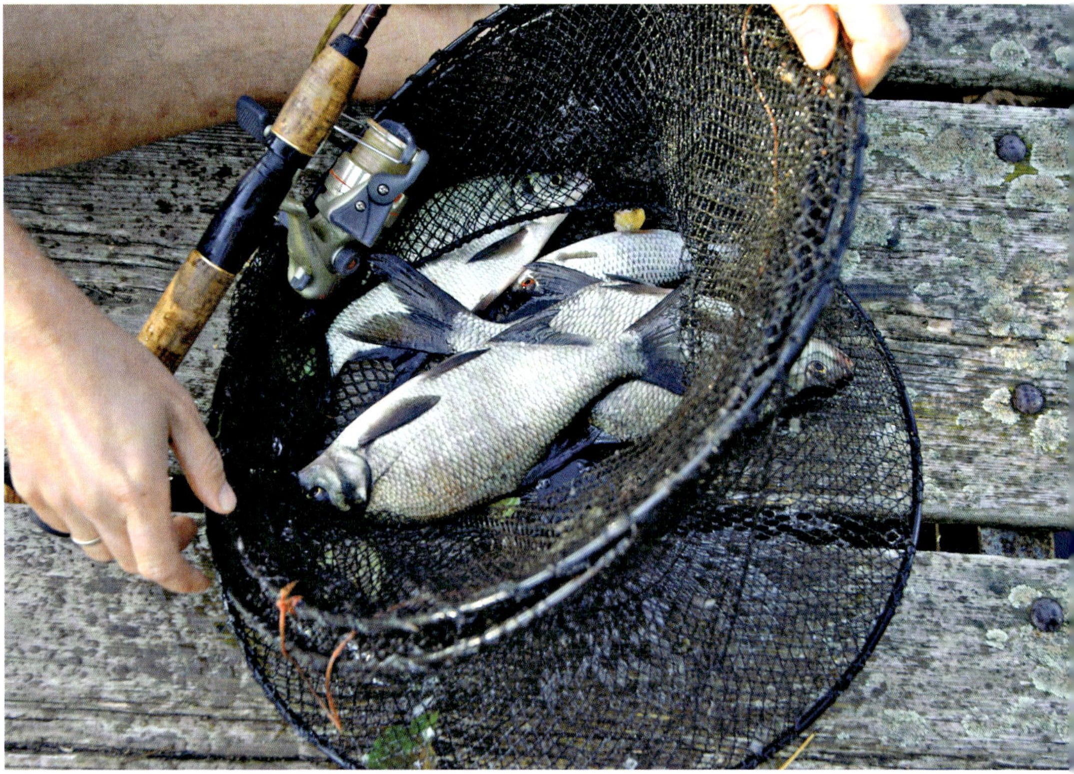

blauen oder grünen Wasser von Seen oder Ozeanen relativ unauffällig zu erscheinen. Berührt man diese Schnur, so stellt man fest, dass sie recht widerborstig ist und an ihren Enden sogar „pieksig" sein kann. Zum Spinnfischen ist sie nicht gut geeignet, denn aufgrund ihrer Sperrigkeit und Härte läuft sie beim Wurf recht ungeschmeidig von der Rolle. Ganz anders sieht es bei weicher Monofiler aus, denn bei ihrer Produktion haben die Hersteller nicht mit chemischen Weichmachern gespart und so läuft sie geschmeidig von der Rolle, lässt sich butterweich knoten und hat – dies kann sowohl Segen als auch Fluch sein – ein enormes Dehnungspotenzial. In den Regalen des Fachhandels erkennt man weiche Schnur meist an ihrer Farbe, denn sie ist entweder weiß bzw. durchsichtig oder signalbunt (rot, gelb hellgrün, rosa etc.). Weiße bzw. kristallklare Schnur verwendet man zum Spinnfischen im sichtigen Wasser von Gebirgsseen, Forellenbächen oder anderen sehr klaren Gewässern, kann sie aber auch zum Angeln mit Naturködern in solchen Gewässern benutzen.

Weißfische beangelt man mit monofiler Schnur.

UNTERFANGKESCHER

Neben Rute und Rolle benötigt man als drittes größeres Gerät zum Angeln einen Unterfangkescher, denn es wäre weder waidgerecht noch sicher, einen gehakten Fisch einfach an der Schnur aus dem Wasser zu ziehen. Kescher dienen dazu, einen völlig ausgedrillten Fisch behutsam aus dem Wasser zu heben (zu landen). Unterfangkescher sollten nicht zu groß, aber auch nicht zu klein gewählt werden. Zu große Kescher lassen sich nur schwer unter einen Fisch manövrieren, kleine Kescher haben den Nachteil, das größere Fische mitunter nicht hineinpassen. Wählt man als Einsteiger ein Modell mit einer Bügellänge von 40 mal 60 Zentimetern, ist man recht gut gerüstet. Sollen die Fische zurückgesetzt werden, ist es wichtig, einen Kescher mit knotenlosem bzw. gummiertem Netz zu wählen.

DAS WICHTIGE KLEINZEUG

Für das Angeln braucht man außer Schnur und Haken noch eine (überschaubare) Anzahl unterschiedlichen Kleinzeugs. Im Wesentlichen sind dies die Gegenstände, die man im Vorbereitungskurs auf die Sportfischerprüfung kennengelernt hat, nämlich Posen (Schwimmer), unterschiedliche Bleigewichte (kurz Bleie genannt), Wirbel und Kunstköder (Blin-

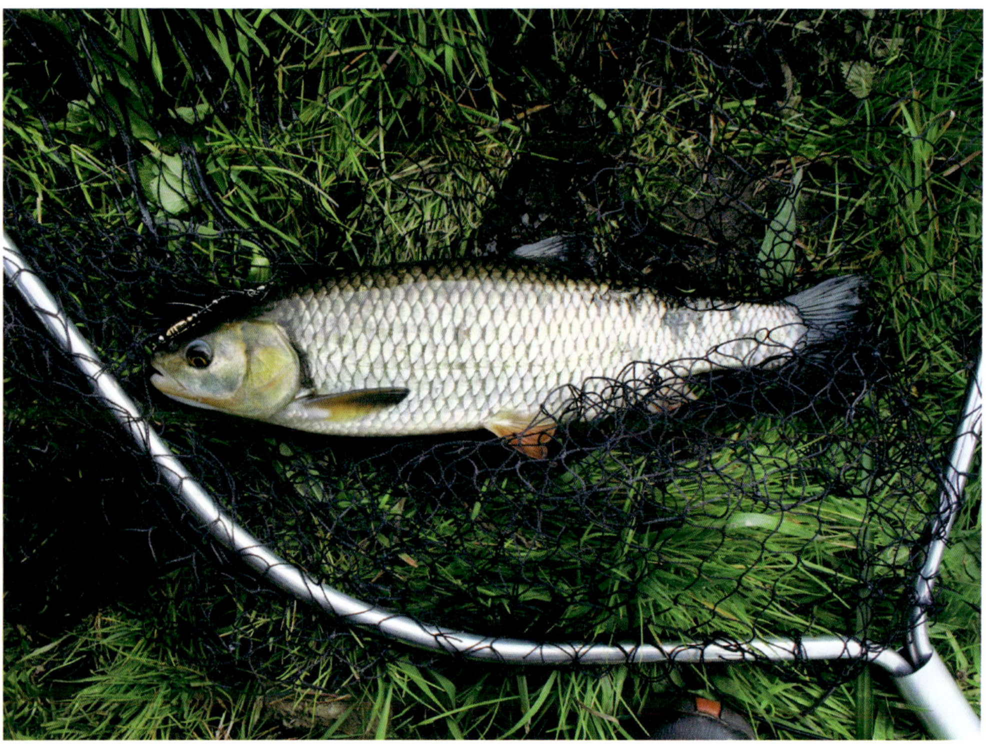

Mit knotenlosen Netzen landet man Fische, hier einen Döbel, am schonendsten.

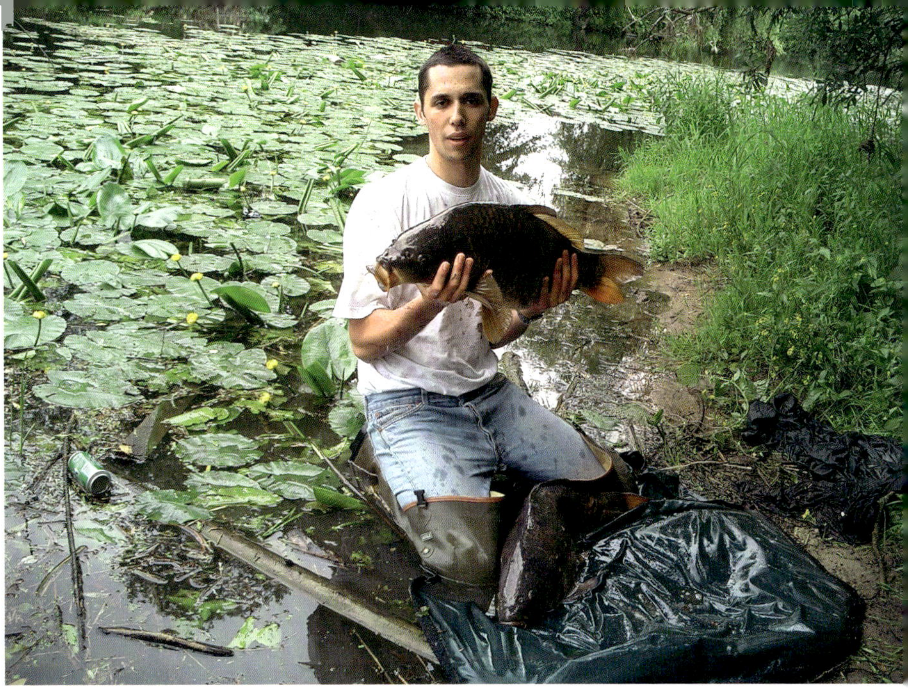

Abhakmatten kommen vor allem beim Karpfenangeln zum Einsatz.

ker, Spinner etc.). Daneben benötigt man noch anderes Kleinzeug, wie Hakenlöser, Fischtöter, Messer, eine Stirnlampe zum Nachtangeln sowie Rutenhalter. Sämtliche Gegenstände passen bequem in eine Umhängetasche, sodass man auf dem Weg zum Gewässer auch einen Klappstuhl und einen großen Regenschirm mitführen kann.

GRUNDANGELN

Der Begriff Grundangeln ist etwas irreführend, denn er meint nicht allein das Angeln mit am Gewässergrund angebotenen Ködern, sondern jede Form der Fischerei, bei der man natürliche Köder an einer Posen- und Bodenbleimontage anbietet. Grundangler sitzen also an einer Angelstelle und warten dort auf das Eintreffen der Fische oder auf den Beginn der Beißzeit. Dies soll aber nicht bedeuten, dass man sich auf gut Glück an irgendeine Stelle eines Gewässer setzt, seine Köder auslegt und hofft, dass schon irgendein Schuppenträger vorbeikommt. Vielmehr ist es so, dass man, um beim Ansitzfischen erfolgreich zu sein, sein Revier gut kennen muss (siehe Kapitel Wo angeln?). Mit der Grundangel lassen sich alle Fischarten fangen. Mit Futterkörbchenmontagen fängt man

WAS SIND ABHAKMATTEN?

Als Abhakmatten werden weiche (mitunter auch aufblasbare) Gummimatten bezeichnet, auf die man nach vorhergehender Befeuchtung Fische zum schonenden Lösen des Angelhakens ablegt. Dies geschieht, um die empfindlichen Schleimhäute von Karpfen, Wallern, Hechten und anderen für das Zurücksetzen bestimmter Großfische vor Verletzungen zu schützen. Kleine Fische müssen darauf nicht abgelegt werden, bei ihnen genügt es, sie stets mit nassen Händen anzufassen.

Weißfische, Karpfen, Döbel und Schleien, mit Würmern beinahe alle Fischarten (außer Hechten) und auf Köderfische und Fetzen beißen alle Raubfische in fließenden und stehenden Gewässern. Hat man es nicht gezielt auf kleine Weißfische abgesehen, oder will man sich mit einem kapitalen Wels anlegen, so kommt man mit der Feeder- und der Karpfenrute hervorragend zurecht. Mit dazu passenden (Freilauf)-Rollen und einer gut gefüllten Gerätekiste, die Posen, Bleischrote, Grundbleie, Futterkörbchen und Vorfachhaken fürs Angeln auf Friedfische sowie Stahlvorfächer und Schnappsysteme fürs Raubfischangeln enthält, ist man eigentlich für alle Eventualitäten des Grundangelns gerüstet. Besitzen man dazu noch Ersatzspulen für die Freilaufrollen, hat man auch für jede Zielfischart (siehe Kapitel Worauf angeln?) die richtige Bespannung für sein Allround-Geschirr.

WELCHE HAKEN FÜR WELCHEN FISCH?

Friedfische fängt man prinzipiell mit Einzelhaken. Werden die weichmäuligen Fische nicht für die Küche gefangen, sondern sollen zurückgesetzt werden, so sollte man Haken ohne Widerhaken (Schonhaken) verwenden. Für Rotauge, Rotfeder und Brassen kommen Einzelhaken in den Größen acht bis 16 zum Einsatz, wobei ein 16er Haken so klein ist, dass man auf ihm eine bis maximal zwei einzelne Maden aufspießen kann. Für Schleien verwendet man z. B. größere Haken (8er). Fischt man auf Raubfische (Zander, Aale, Barsche) so kommen 1er und 2er zum Einsatz.

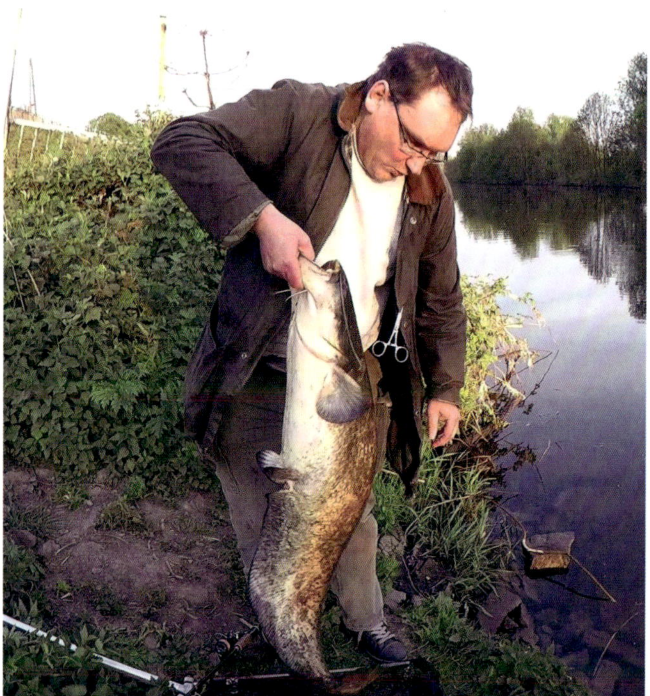

1

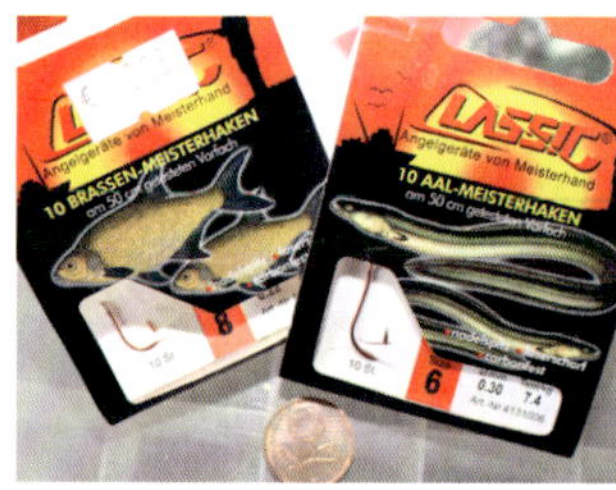

2

1. Beim Grundangeln gibt es oft größere Überraschungen. Eine moderne Karpfenrute ist auch solchen Wallern gewachsen.

2. Einsteiger sollten zu bereits gebundenen Vorfachhaken greifen.

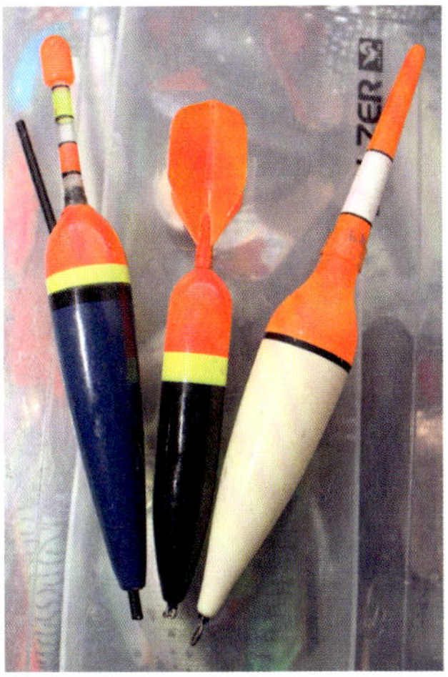

1

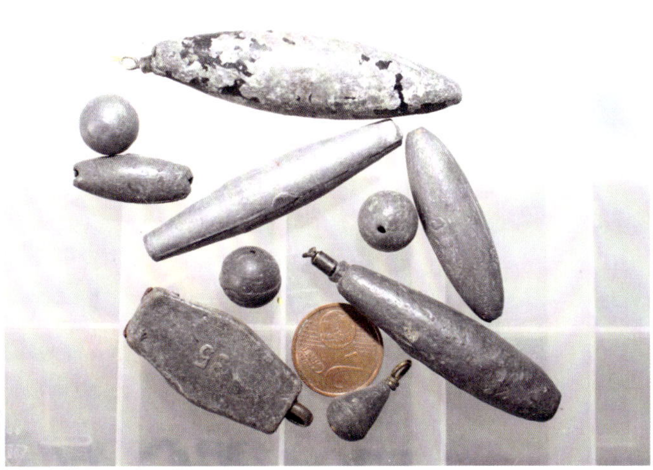

2

1. Schwimmer gibt es in vielen Größen, Formen und Farben. Hier drei Hechtposen.

2. Verschiedene Bleie zum Grundangeln.

Es versteht sich von selbst, dass Köder und Hakengröße stets zueinander passen müssen. Einsteiger sollten sich fertig gebundene Vorfachhaken in verschiedenen Größen anschaffen.

WELCHE POSE FÜR WELCHEN FISCH?

Posen (Schwimmer) sind klassische Bissanzeiger. Wie Schwimmer funktionieren, hat jeder im Kurs für die Sportfischerprüfung gelernt. Es gibt sie von knapp einem Gramm Tragkraft bis zu kleinen Bojen, die mehr als 100 Gramm Tragkraft aufweisen. Man unterscheidet zwischen feststehenden Schwimmern, die mittels Gummiringen fest auf der Schnur fixiert werden, und Laufschwimmern, die für das Angeln in Gewässertiefen gedacht sind, die über die Länge der Angelrute hinausgehen. Laufschwimmer werden mittels Stoppern auf der Hauptschnur in der gewünschten Angeltiefe gehalten.
Leichte Posen zwischen einem und drei Gramm Tragkraft verwendet man zum Angeln auf Weißfische, Schleien oder Döbel. Posen mit Tragkräften von vier bis acht Gramm kommen zum Angeln auch auf Zander, Aale und Barsche zum Einsatz. Zehn bis 15 Gramm tragende Schwimmer sind Hechtschwimmer. Hat man feststehende Schwimmer und Laufposen in Tragkräften zwischen einem und 15 Gramm in seiner Box, ist man für alle „normalen“ Angelsituationen sehr gut gerüstet. Am besten kauft man sich ein paar der unterschiedlichen im Handel erhältlichen Sets.

WIE VIELE GRUNDBLEIE BRAUCHE ICH?

Grundbleie müssen beim Angeln mit Naturködern zwei Anforderungen genügen: Sie sind Wurfgewichte und sorgen dafür, dass die Montage ausreichend schwer ist, um am Gewässergrund zu verbleiben und nicht von der Strömung fortgetragen werden kann. Grundbleie müssen also so schwer wie nötig und so leicht wie möglich sein. Grundbleie gibt es als für die Schnur durchgängige

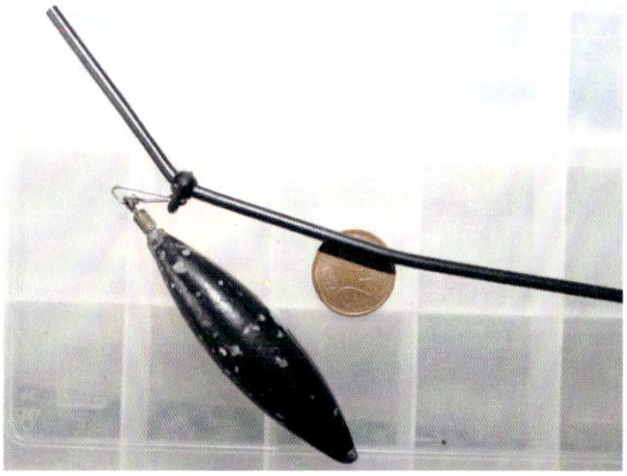

1

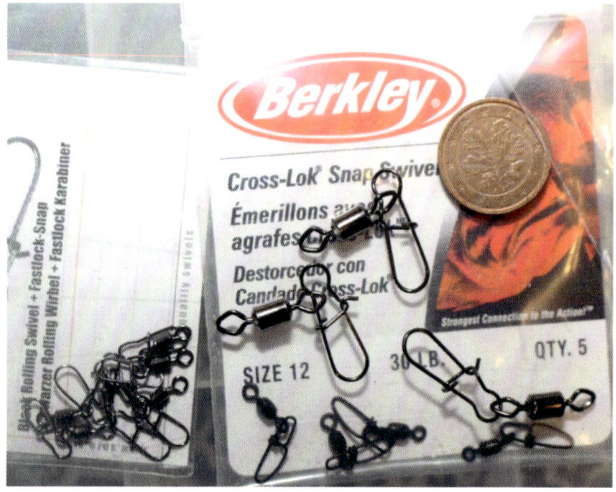

2

1. Ein Birnenblei an einem Anti-Tangle-Röhrchen.

2. Wirbel mit Sicherheitsverschlüssen sind wahre Kraftzwerge.

Laufbleie sowie als mit einer Öse für den Schnurdurchlauf bzw. das Einhängen und Anknoten versehenen Birnenblei. Letztere kommen beim klassischen Grundangeln nur dann infrage, wenn man sie an einem Anti-Drall-Röhrchen (Anti-Tangle Boom) montiert.
Grundbleie gibt es in verschiedenen Formen und Gewichten. Flache, sechskantige Modelle kommen in fließenden Gewässern mit festem (kiesigem oder sandigem) Grund zum Einsatz, kugelförmige in stehenden Gewässern. Daneben gibt es noch zahlreiche andere Formen, die für spezielle Gewässerverhältnisse erfunden wurde. Bei sehr schlammigem Grund verhindern Grundbleie mit Auftriebskörpern (Stehaufmännchen) ein Versinken der Montage.
Je mehr unterschiedliche Bleie man in seiner Gerätebox hat, umso flexibler kann man auf wechselnde Bedingungen (Hochwasser, schnelle Strömung etc.) als Grundangler reagieren. Für stehende Gewässer sollten es Bleie in Gewichten zwischen fünf und 30 Gramm sein, an fließenden können oft zwischen 10 und 80 Gramm nötig werden.

WARUM WIRBEL?

Wirbel schützen die Schnur vor Drall. Die meisten Angler verwenden Tönnchenwirbel mit Karabinern (sog. Karabinerwirbel). Der Karabiner erlaubt beim Grundangeln einen raschen Wechsel des Vorfaches. Karabiner sollten so klein wie möglich und so groß wie nötig gewählt werden, denn ihr Gewicht muss von einem beißenden Fisch bewegt werden. Manche Fischarten (z. B. Aale) stört ein (zu) schwerer Wirbel nicht, andere (z. B. Schleien) reagieren auf jedes Gramm zu viel mit Loslassen des Köders. Bei Karabinerwirbeln ist es wichtig, solche Modelle zu kau-

3

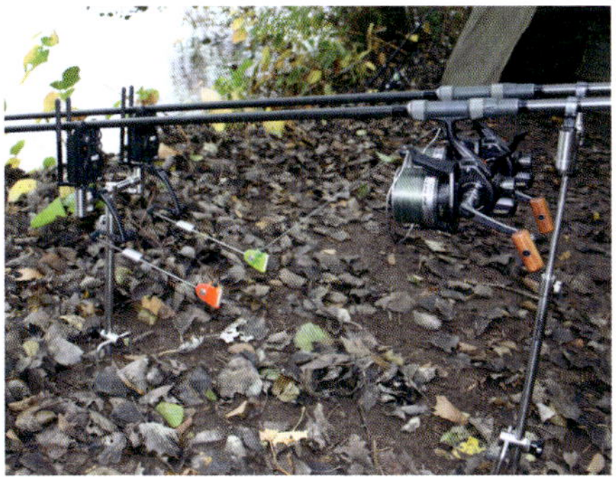

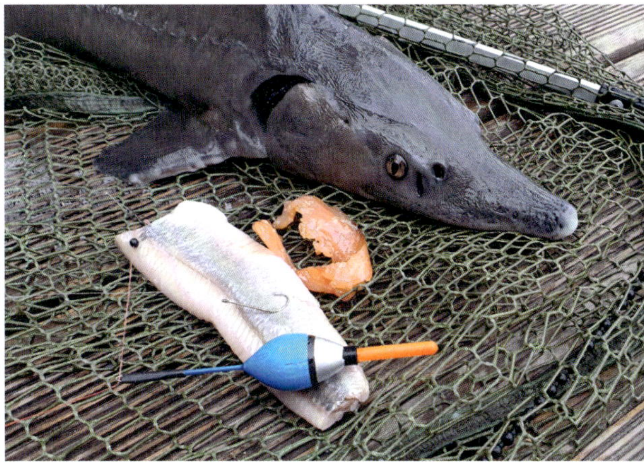

4

fen, die einen Kreuzverschluss haben (sog. Crosslock-Karabiner).

RUTENHALTER UND ROD-PODS

Fürs Grundangeln vom Ufer aus sind gabelförmige Rutenhalter ideal. Auf zwei dieser Halter wird die Grundangel horizontal abgelegt. An steinigen Ufern finden Rutenhalter mit Erdspießen jedoch keinen Halt. Ein modernes Rod-Pod leistet hier die besten Dienste und lässt sich auch innerhalb sehr kurzer Zeit in die gewünschte Position bringen.

KÖDER

Angelt man nicht mit Spinnködern (Blinker, Wobbler, Spinner etc.), so gehört auf jeden Angelhaken ein Köder. Für Friedfische können dies neben Würmern, Maden oder Mehlwürmern durchaus rein vegetarische Köder wie Teig, Brot, Kartoffeln und Dosenmais, aber auch halb-vegetarische Happen wie z. B. Weichkäse oder über Nacht in Milch eingelegter Hartkäse sein. Hat man es auf Raubfische abgesehen, so müssen die Haken mit Köderfischen, Stücken von Fischen (sog. Fetzen) oder Würmern beködert werden.

MADEN

Maden sind in der wärmeren Jahreszeit die mit Abstand besten Köder zum Fang von Weißfischen (Rotaugen, Güstern, Brassen etc.). Man kann sie einzeln zum Fang von Köderfischen an kleinen Haken (16er) anbieten, oder zu mehreren an großen Haken (8er) und so auf größere Fische (Großbrassen, Schleien) angeln. Maden werden aber nicht nur als Hakenköder verwendet, sondern auch als Lockköder unter das Grundfutter gemischt. Während in den Sommermonaten mit dem Einsatz von Maden im Futtermaterial nicht ge-

3. Rutenhalter, hier ein Rod-Pod mit elektrischem Bissanzeiger, sind beim Grundangeln wichtige Helfer.

4. Mitunter sind Zielfischköder recht kurios. Außer Stören mögen keine anderen Fische Heringsfilets und Räucherlachs.

geizt werden sollte, ist es ratsam, im Herbst und Winter sparsam mit ihnen umzugehen. Zum einen sind Weißfische – aufgrund des reduzierten Stoffwechsels – im kalten Wasser weniger gefräßig und zum anderen mögen sie in den Monaten mit „r“ lieber pflanzliche Nahrung (Teig und Getreidekörner).

WÜRMER

Tauwürmer sind die größten im Erdreich wühlenden Würmer und sehr gute Köder. Sie kommen entweder einzeln als Aal- und Barschköder zum Einsatz, oder werden als Bündel (fünf bis fünfzehn Stück) zum Wallerfang eingesetzt. Beim Fischen mit einzelnen Tauwürmern an der Grundangel ist es wichtig, die Würmer mit der Ködernadel bis auf das Vorfach und den Hakenschenkel aufzuziehen, denn einfach auf den Haken gesteckte Würmer werden – besonders von Aalen – gern abgefressen.

Neben Tauwürmern erfreuen sich Dendrobenas seit Jahren einer steigenden Beliebtheit als Angelköder. Die eigentlich als Reptilien- und Zierfischfutter gezüchteten Würmer gibt es in verschiedenen Größen. Kleinere Dendrobenas werden zum Fang von Weißfischen eingesetzt, größere werden beim Aalangeln auf den Haken gezogen.

Als dritte und kleinste Wurmart werden Rotwürmer zum gezielten Fang von Schleien verwendet. Diese Miniwürmer sind für Einsteiger jedoch nur bedingt zu empfehlen, weil auch viele Kleinfischarten sie bei falscher Präsentation zum Fressen gern haben, was an machen Angeltagen nervenaufreibend werden kann. Überall wo nicht mit Kleinfischen zu rechnen ist, sind sie jedoch klasse.

1. Maden sind zwar etwas ekelhaft, dafür aber sehr gute Köder. Hier kombiniert mit einem Maiskorn.

2. Tauwürmer sind sehr gute Allroundköder.

1

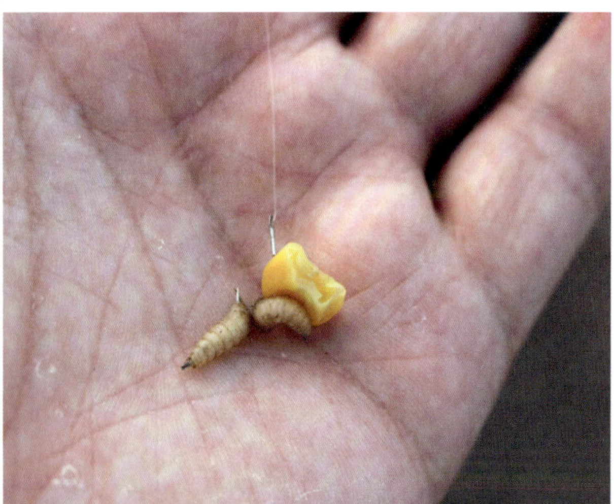

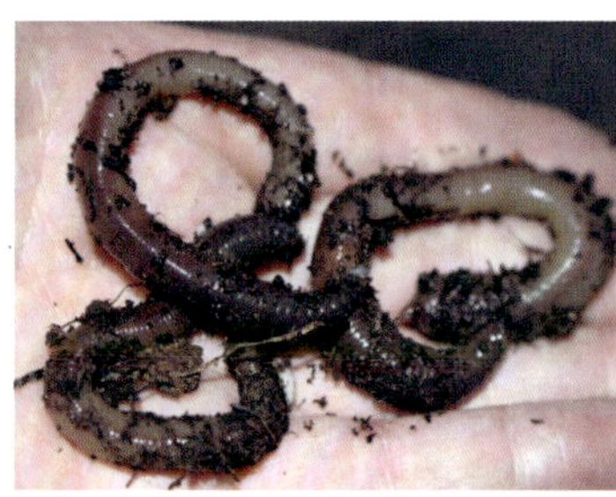

2

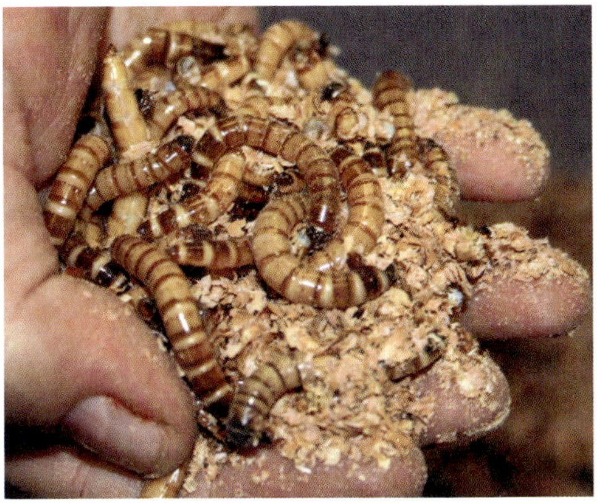

1

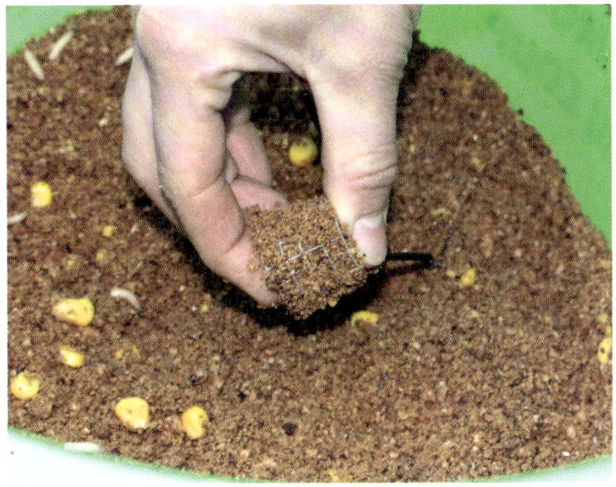

2

MEHLWÜRMER

Wie Dendrobenas wurden Mehlwürmer mit dem Boom der Reptilienhaltung in Deutschland populär und als Angelköder entdeckt. Sie sind Top-Köder an kommerziellen Forellenseen, taugen aber auch zum Angeln auf Aale, Schleien und größere Weißfische (Brassen, Güstern). Man kann sie einzeln auf einem 8er Haken präsentieren oder zwei bis drei Exemplare an einem 6er anbieten. Allerdings muss man sie behutsam anködern, denn sie laufen schnell aus und taugen dann nichts mehr.

TEIG

Teig wird meist aus Paniermehl oder Weißbrot (mit flüssigen oder pulverisierten Aromastoffen vermengt) geknetet. Wichtig bei der Herstellung von Teigködern ist es, dass diese weder zu weich noch zu hart geknetet werden. Am besten hält der Teig am Haken, wenn er die Konsistenz von frischem Kuchenteig hat.

KÄSE

Ungewürzter Streichkäse ist ein sehr guter Köder zum Fang von Rotaugen, Alanden und Döbeln. In Würfel geschnittener und über Nacht in Milch eingeweichter Holländer Käse ist prima zum Fang großer Friedfische (Barben und Karpfen) geeignet und wird, mit der Ködernadel aufgezogen, an der Grundmontage angeboten.

GETREIDEKÖRNER

Getreidekörner (Dosenmais oder Weizen- und Hanfkeimlinge) sind hervorragende Friedfischköder und kommen meist beim Posen- und Feederangeln zum Einsatz.
Sie können sowohl einzeln auf den Haken gesteckt werden als auch auf ein Haarvorfach gefädelt als Köder-Kette (z. B. zum Karpfenangeln) angeboten werden.

1. Mehlwürmer sind gute, aber empfindliche Köder.

2. Dosenmais kann unter das Grundfutter gemischt werden und lockt so größere Friedfische an.

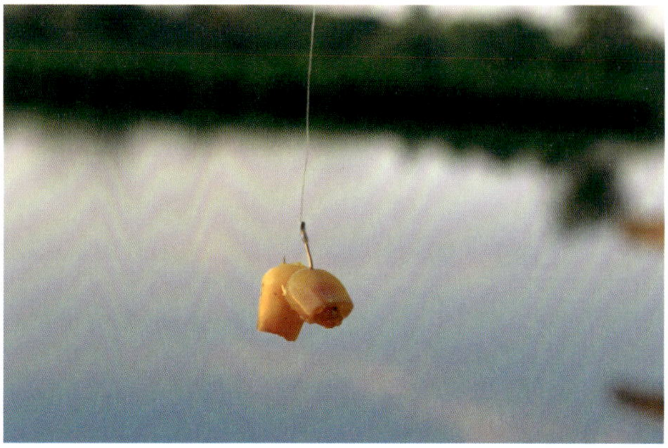

1

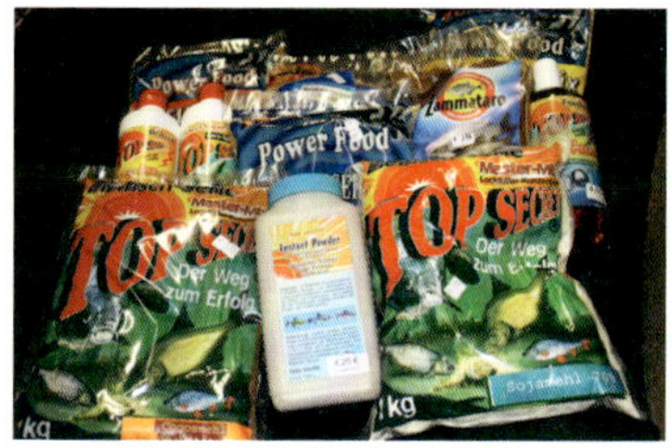

2

1. Zwei Maiskörner auf einem 8er Haken. Hier blieb die Spitze frei.

2. Die Auswahl an Grundfuttermischungen in den Angelgeräteläden ist riesig und für Einsteiger oft verwirrend.

KARTOFFELN

Mit der Ködernadel aufgezogene gekochte Kartoffeln zählen zu den besten Karpfenködern überhaupt. Kleine Stücke von gekochten Kartoffeln sind auch sehr gut zum Fang von Weißfischen (Brassen, Güstern, Rotaugen) geeignet. Da sie sehr weich sind, müssen sie sehr vorsichtig ausgeworfen werden.

KÖDERFISCHE UND FETZEN

Köderfische kommen beim gezielten Fang von Raubfischen zum Einsatz. Bis Ende der 80er Jahre wurden vielfach lebende Fischchen beim Hecht- und Zanderangeln auf den Haken gesteckt. Mittlerweile haben alle Angler erkannt, dass tote Köderfische oder Teile von Köderfischen (Fetzen) sich ebenso gut zum Fang von Raubfischen eignen. Köderfische können sowohl passiv (Posen- oder Grundbleimontage) als auch aktiv (an Systeme geknüpft) angeboten werden.

KÖDER AUS DEM ANGELLADEN UND DEM SUPERMARKT

Alle fleischigen Happen, die man als Köder zum Grundangeln auf Raub- und Friedfische benötigt, erhält man im Angelgerätefachhandel. Neben Lebendködern (Maden, Würmern, Bienenmaden und Mehlwürmern) bekommt man dort auch tiefgefrorene Köderfische sowie Paniermehl, Lockstoffe und

> **HAKENSPITZE FREI?**
>
> Ob man die Hakenspitze aus einem Friedfischköder herausschauen lassen soll oder sie lieber verbirgt, ist nicht für jeden Köder mit einem Ja oder Nein zu beantworten. Bei Maiskörnern und Maden sollte sie aufgrund derKöderbeschaffenheit stets herausschauen, während sie bei Teig und Kartoffeln im Innern des Köders liegen sollte.

GROSSE HAKEN

Benutzt man beim Grundangeln mit Würmern, Teig oder Käse größere Haken (z. B. 5er oder 6er), kann man so die Größe der Zielfische „steuern", denn kleine Fische beißen sich an solch großen Haken nicht fest. Große Haken sind somit waidmännischer als kleine.

sämtlichen Zutaten zur Herstellung von Teig und Grundfutter (Anfüttermaterial).
Ist kein Angelladen in der Nähe, so kann man sich als Friedfischangler auch im Supermarkt versorgen. Aus Stückchen von Toastbrot lassen sich wunderbare Hakenköder formen. Paniermehl, Haferflocken sowie die Mischungen für Vanille- oder Karamellpudding sind als Grundstoffe für Teige und Grundfutter gut geeignet. Dosenmais oder Erbsen aus der Dose sind weitere gute Köder für Friedfische, die man in jedem Tante-Emma-Laden findet. Sucht man hingegen nach Ködern für Raubfische, so ist die Auswahl dort bedeutend kleiner, denn außer Hähnchenleber (als Köder für Döbel und Aale) findet man in den Truhen nur tiefgefrorene Meeresfische (meist Sardinen und Sprotten), die aber leider nicht überall als Hecht-, Zander oder Wallerköder funktionieren.

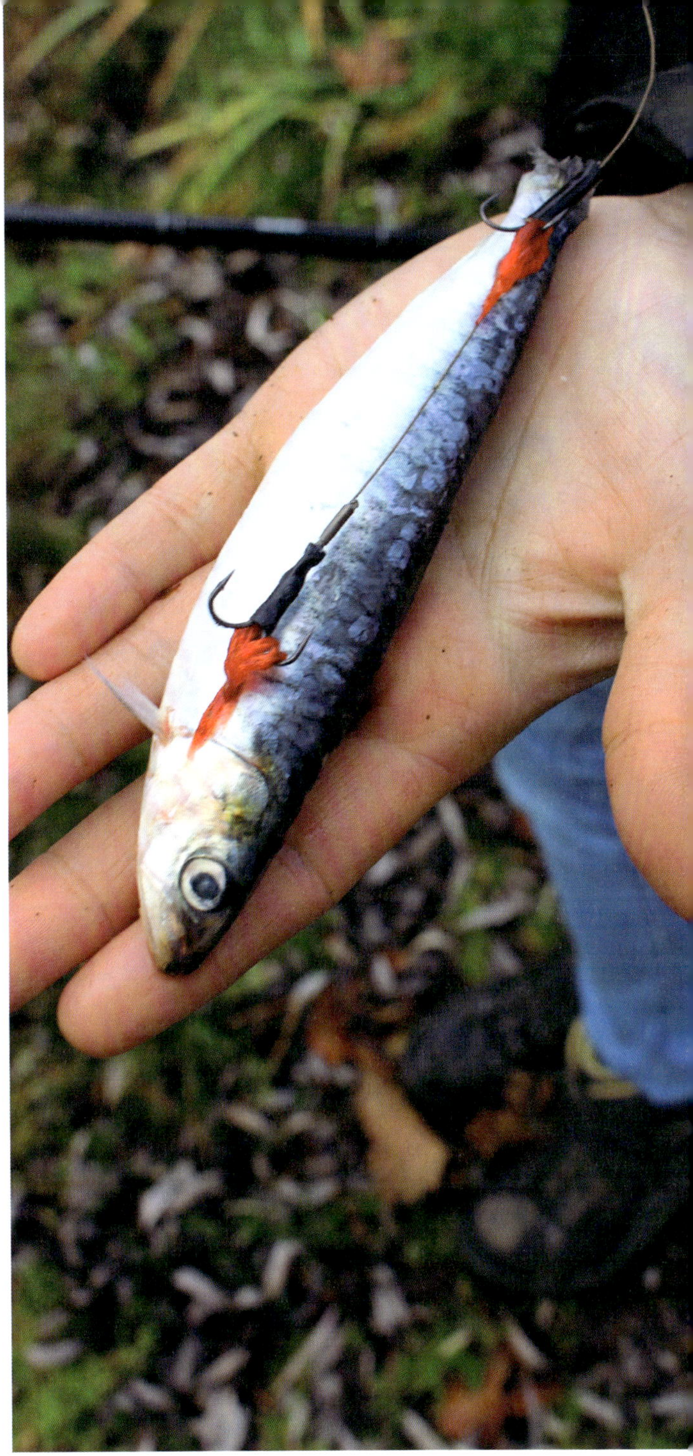

Köderfische, hier eine Sardine, sind klassische Hechtköder und werden dann an Stahlvorfächern mit Drillingen angeboten.

WORAUF ANGELN?

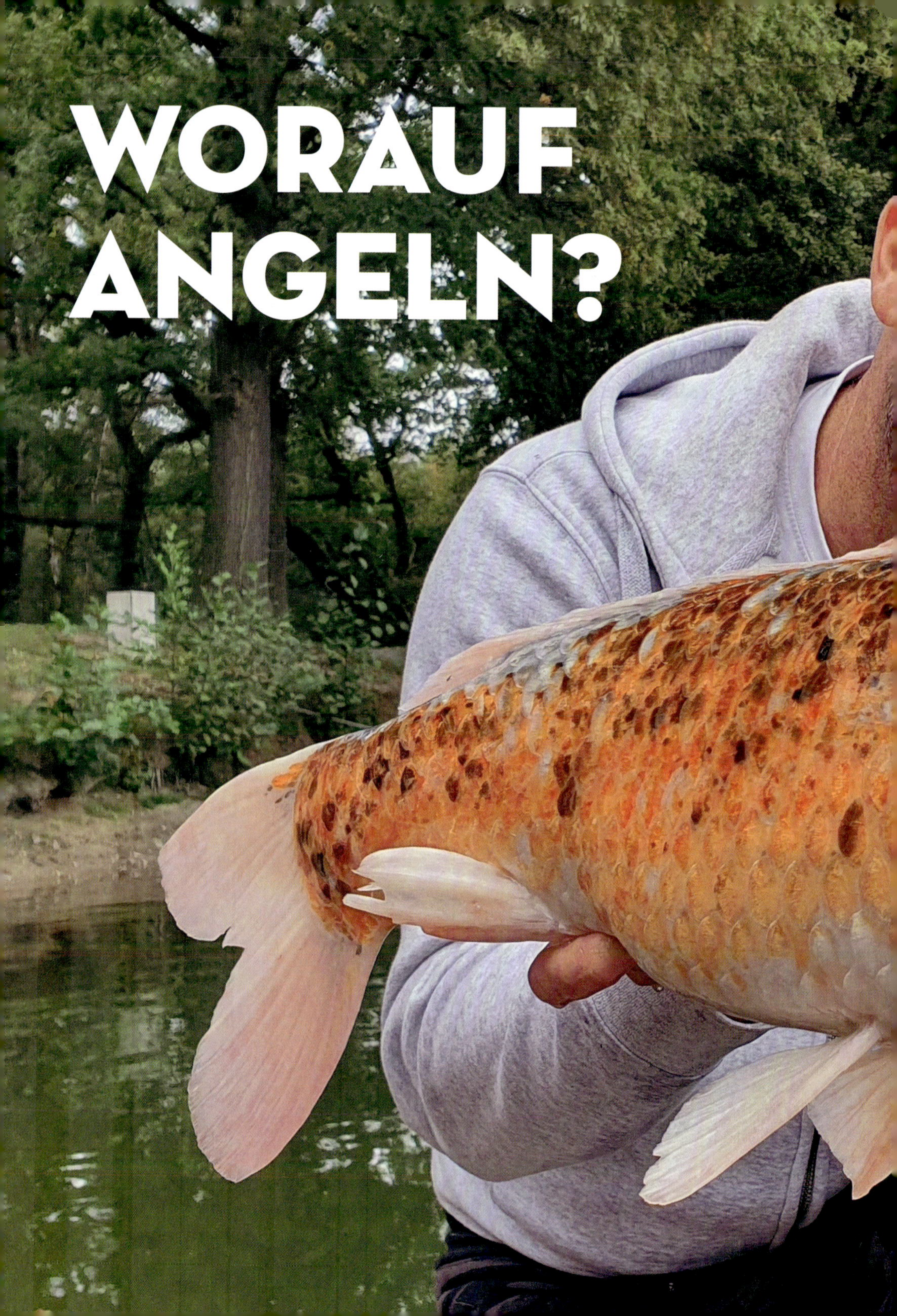

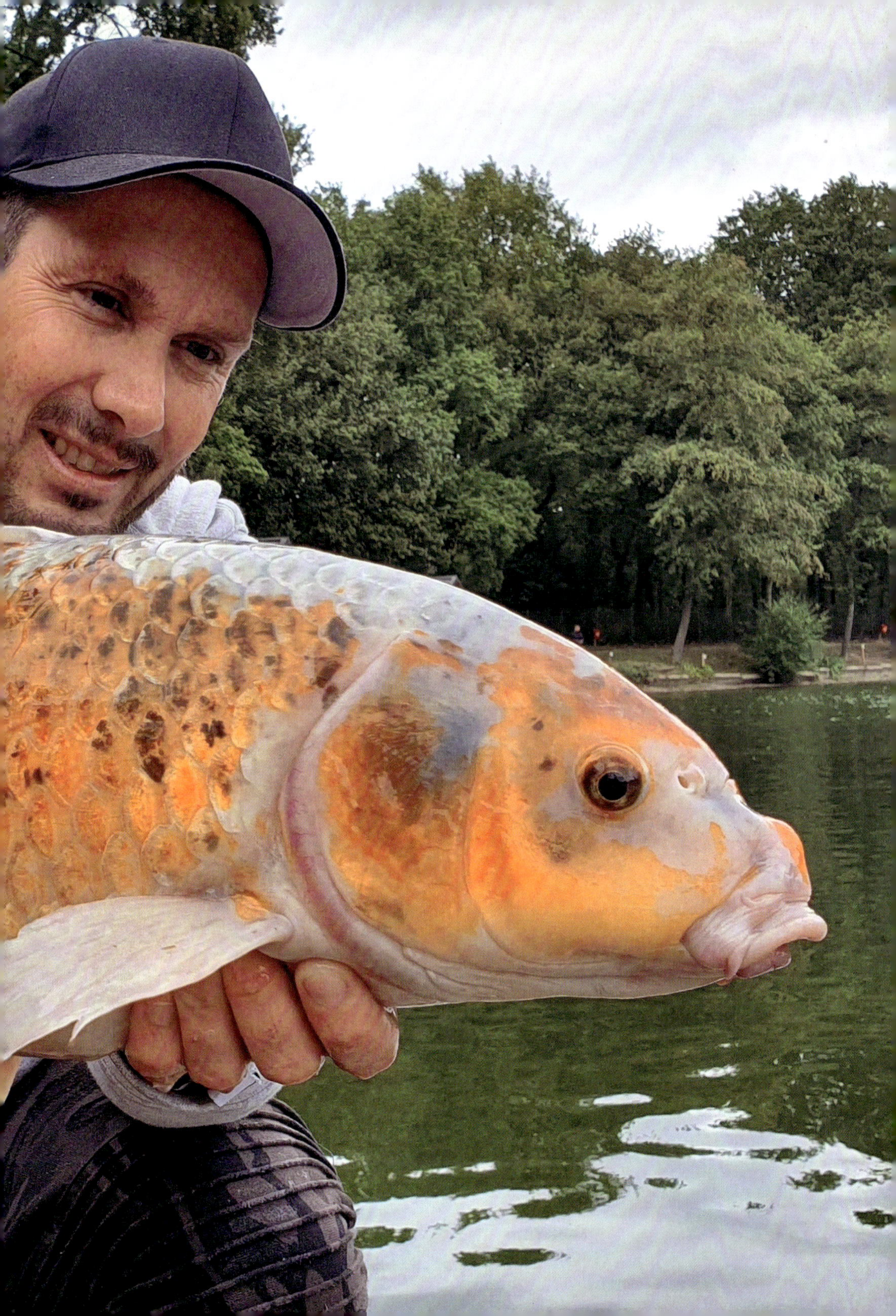

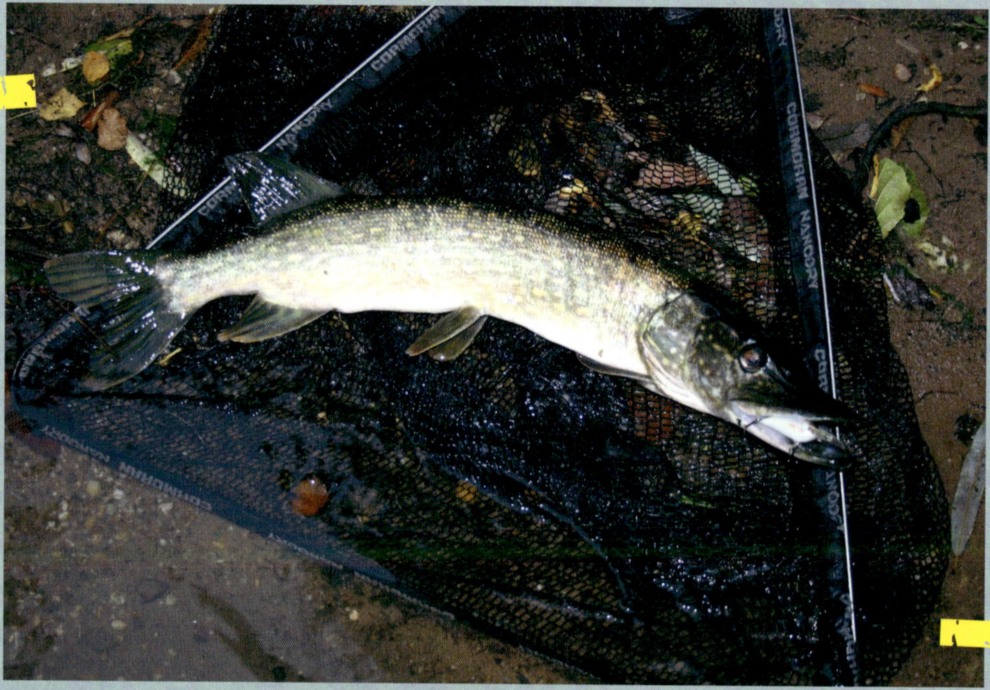

Ein toller Hecht ist im Kescher gelandet.

„Zielfische"

Natürlich kann man nur die Fische beangeln, die in einem Gewässer vorkommen. Da in unseren Seen, Teichen, Flüssen, Bächen und kommerziellen Angelgewässern (Forellenteiche) eine große Anzahl unterschiedlicher Fische umherschwimmt, ist man als Angler gut beraten, sich für einen Zielfisch zu entscheiden.

Dieser Fisch kann dann an einem Angeltag, während eines Angelurlaubs, im Laufe einer Saison oder auch ein ganzes Anglerleben lang zum Zielfisch erkoren werden. Unter Zielfischen verstehen Angler Fischarten, die sie selektiv mit speziell auf sie abgestimmtem Gerät und besonderen Ködern beangeln. Der Zielfisch ist also kein einzelner Fisch, sondern die Fischart, „auf die ein Angler geht". Bei der Wahl des passenden Zielfisches ist man dabei jedoch nicht völlig frei, denn jede Fischart hat ihre ganz eigenen Lebensgewohnheiten, Lebensräume sowie jahres- und tageszeitlich bedingten Beißzeiten. Wer beispielsweise gern auf Schleien fischt, aber in den Alpen wohnt, der kann seinen Zielfisch nur als Gastangler an einem Gewässer des Flachlandes befischen und sollte für seine Ausflüge die wärmere Jahreszeit wählen, denn Schleien halten Winterruhe. Über Fische gibt es einiges zu erfahren, zu wissen und zu beherzigen. Im folgenden Kapitel werden die wichtigsten und am häufigsten in unseren Gewässern vorkommenden Zielfische in Kurzporträts vorgestellt:

ZIELFISCH BRASSEN

Wer? Brassen gehören neben Rotaugen zur Hauptbeute aller Friedfischangler. Die schnellwüchsigen Schwarmfische wachsen zu kapitalen Exemplaren heran, die dann keine natürlichen Feinde mehr haben. Von anderen Weißfischen unterscheiden sie sich durch ihren hochrückigen, seitlich stark zusammengedrückten Körper. Junge Brassen tragen ein silbernes Schuppenkleid, ältere Exemplare sind messing- bis goldfarben. Die Flossen sind schwarz gefärbt. Im Durchschnitt sind sie 25 bis 35 Zentimeter lang, kapitale Exemplare werden bis 75 cm lang und neun Kilogramm schwer. Brassen laichen in den Monaten Mai bis Juli.

Wo? Brassen mögen ruhiges Wasser und schlammigen Grund. Man findet sie in langsam fließenden Abschnitten von Flüssen (Brassenregion), in Seen der Tiefebenen sowie in älteren Baggerseen und in Schifffahrtskanälen. Wer sie gezielt beangeln möchte, legt seinen Köder am besten auf Grund.

Wann? Brassen sind Sommerfische und halten Winterruhe. Beste Angelzeit ist das Frühjahr und der Hochsommer. An Flüssen und Häfen mit Warmwassereinläufen kann man sie jedoch das ganze Jahr hindurch befischen.

Womit? Die meisten Angler befischen Brassen heute mit Feedermontagen, sie können aber auch mit der guten alten Stipprute gefangen werden. Da sie keine wehrhaften Kämpfer sind, können sie mit feinem Zeug (0,18er monofile Schnur, 16er Haken) beangelt werden.

Worauf? Maden sind die wohl besten Brassenköder. Sie beißen aber auch auf Teig, Mais und alle Würmer. Da die Brassen häufig in großen Schwärmen umherziehen, ist reichliches Anfüttern eine Grundvoraussetzung für den Erfolg.

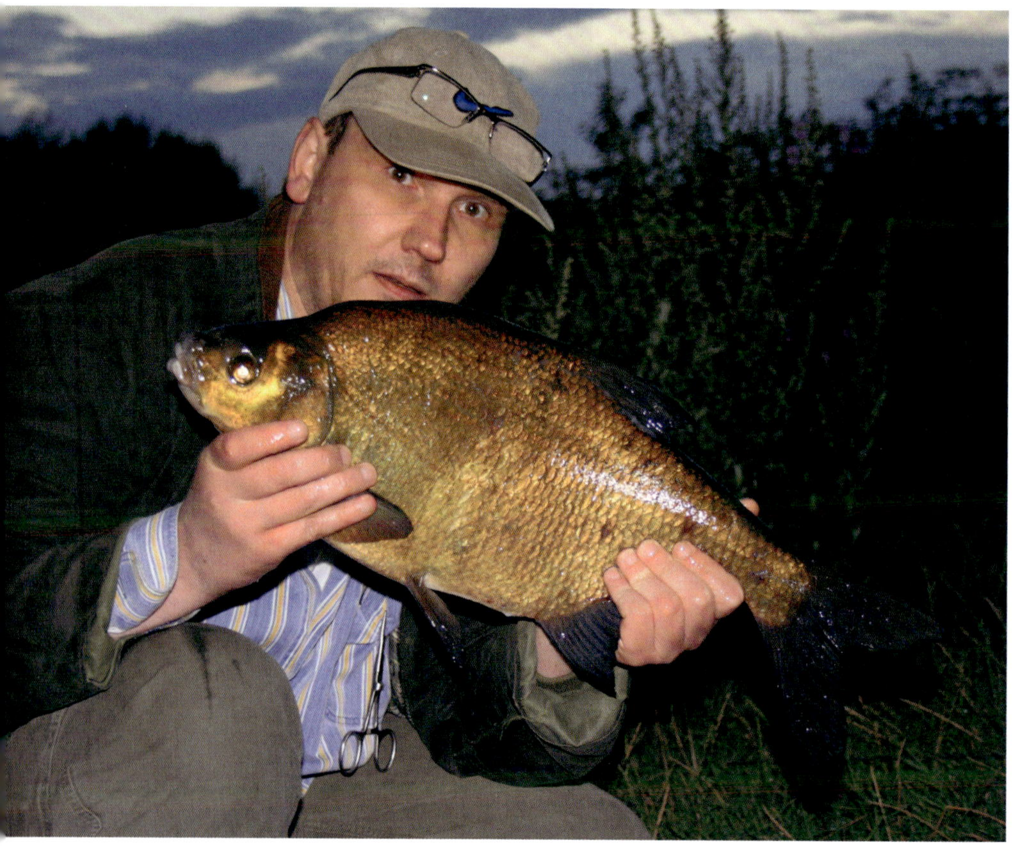

Kapitale Brassen zählen mit ihrem goldenen Schuppenkleid zu den schönsten Weißfischen.

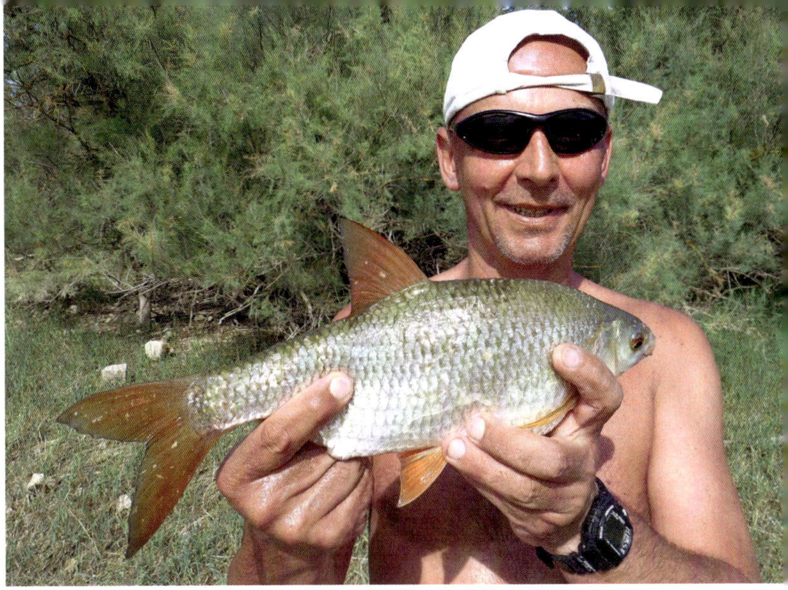

Kapitale Rotaugen sind bedeutend schwerer zu fangen als kleine.

ZIELFISCH ROTAUGE

Wer? Rotaugen (auch Plötzen genannt) sind in vielen Seen und langsam fließenden Gewässern die häufigsten Weißfische. Die roten Augen geben Rotaugen ihren Namen. Das Schuppenkleid ist silbrig, die Flossen dunkelrot bis braun. Die Körperform kann variieren. In Flüssen ist sie meist länglich-gestreckt, in Seen und Kanälen gedrungen. Im Durchschnitt sind Rotaugen 15 bis 20 Zentimeter lang, kapitale Exemplare werden bis 50 Zentimeter lang und zwei Kilogramm schwer. Die Laichzeit fällt in die Monate April und Mai.
Wo? Rotaugen durchstreifen die Gewässer als Schwarmfische. Hat der Schwarm einen Futterplatz entdeckt, hält er sich hier zur Nahrungsaufnahme eine Zeit lang auf. Futterplätze sind meist Seerosenfelder oder Schilfgürtel. In Kanälen findet man die Fische am Übergang von mitteltiefem Wasser und Fahrrinne, der sog. Scharkante.
Wann? Rotaugen beißen das ganze Jahr hindurch. Die beste Angelzeit fällt allerdings in die Monate zwischen Frühjahr und Spätsommer.
Womit? Während kleinere Rotaugen relativ einfach zu fangen sind, muss auf den Fang größerer Fische schon etwas Geduld und Vorbereitung aufgewendet werden. Reichliches Anfüttern ist der Schlüssel zum Erfolg. Viele Angler fischen mit der leichten (auch unberingten) Stipprute auf Rotaugen. Andere stellen ihnen mit der Feederrute nach. Da Rotaugen nicht zu Giganten heranwachsen, können sie mit leichten Geschirr (0,16er monofile Schnur, 16er Haken) befischt werden.
Worauf? Top-Köder sind Maden, Teig und Getreidekörner (Dosenmais, eingeweichte Hanf- und Weizenkörner).

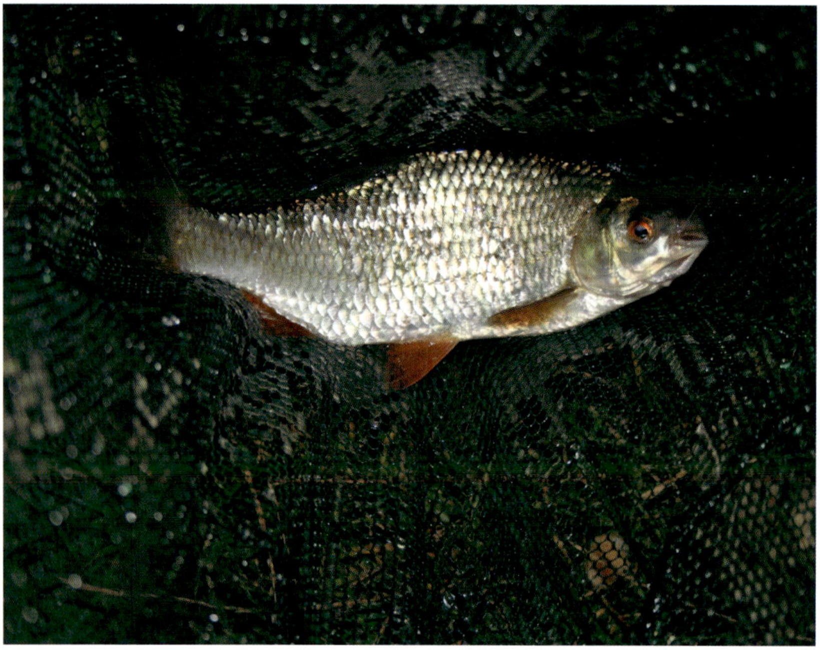

Rotfedern sind farbenprächtiger als ihre Verwandten, die Rotaugen.

ZIELFISCH ROTFEDER

Wer? Rotfedern sind Fische des Oberflächenwassers und somit „Sommerfische". Ähnlich wie Rotaugen, werden Rotfedern mit der Stipprute befischt. Selten stehen Rotfedern tiefer als einen Meter, was das gezielte Anfüttern schwierig macht. Die Fische verraten sich an heißen Sommertagen durch ihr lautstarkes Geplätscher an der Wasseroberfläche und lassen sich durch gezieltes Anwerfen mit der flach gestellten Stipprute recht leicht fangen. Von Rotaugen unterscheiden sie sich durch ihr unterständiges Maul sowie ihre leuchtend roten Flossen (Rotfedern).
Oft tragen kapitale Fische kein silbernes Schuppenkleid, sondern eine goldenes. Im Durchschnitt 20 bis 30 Zentimeter lang, werden kapitale Exemplare knapp einen halben Meter lang und bringen dann fast drei Kilogramm auf die Waage. Die Laichzeit fällt in die Monate April und Mai. Leider ist der Rotfederbestand an vielen Seen seit ein paar Jahren rückläufig. Ursache dafür ist die hohe Zahl der Kormorane, für die sie eine leichte Beute sind.

Wo? Rotfedern mögen stehende und langsam fließende Gewässer, wo sie im Sommer in Schwärmen die Oberflächenregionen und das Mittelwasser durchstreifen. Sie erscheinen blitzschnell an der Angelstelle und sind ebenso rasch wieder verschwunden. Mit ein paar eingeworfenen Brotkrumen oder Haferflocken lässt sich ihre Verweilzeit allerdings verlängern.

Wann? Von April bis September lohnt sich das gezielte Angeln auf Rotfedern. Die Mittagsstunden sind dann die beste Angelzeit.

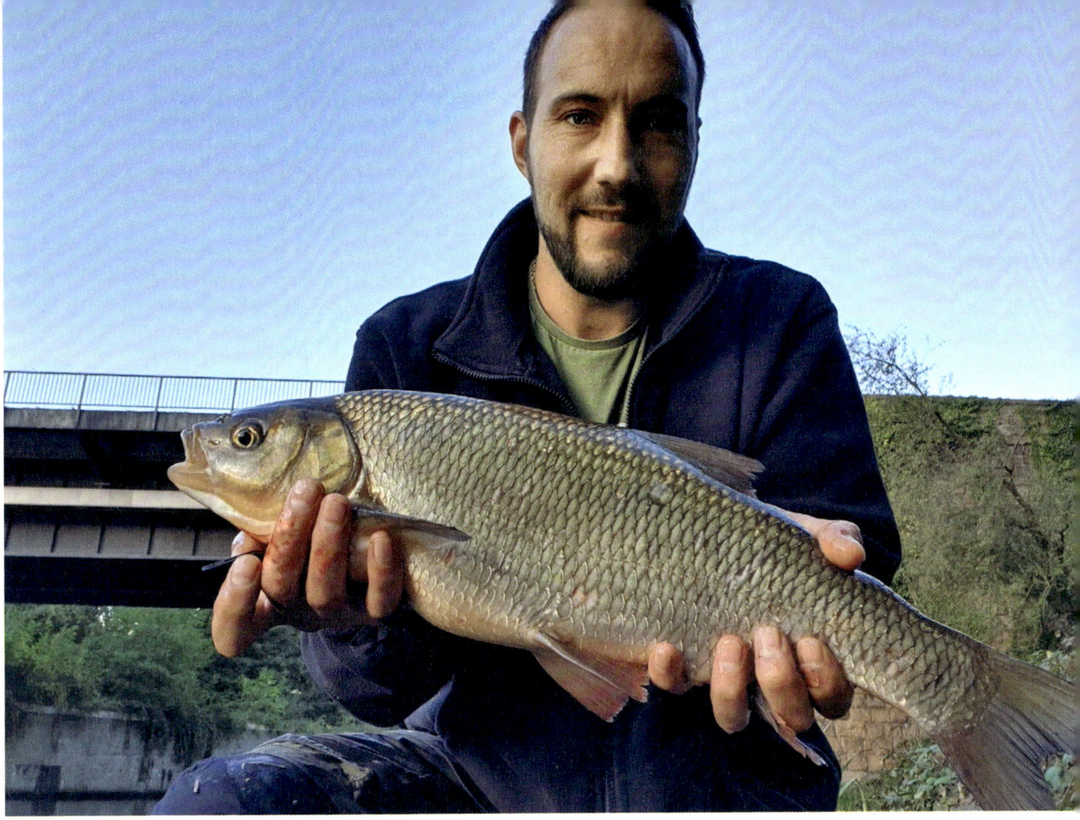

Womit? Neben der Stipprute kommt vor allem eine leichte Wurfrute zum Einsatz, da die Fische häufig in erheblicher Entfernung zum Ufer unter der Wasseroberfläche kreuzen.
Worauf? Rotfedern beißen auf vegetarische Köder wie Teig und Stücke von Weißbrot oft besser als auf Maden und Würmer.

ZIELFISCH ALAND

Wer? Alande sind Weißfische und werden oft mit Rotaugen und Döbeln verwechselt. Kamen sie früher fast ausschließlich in den Flüssen Nordwestdeutschlands vor, so haben sie sich in den vergangenen zwei Jahrzehnten immer weiter in Richtung Süden verbreitet und sind heute in fast allen größeren Flüssen zu finden. Von anderen silberfarbenen Arten unterscheiden sie sich durch ihre dunkle Rückenfärbung und den rötlichen Schimmer ihrer Brust-, Bauch- und Afterflossen, was oft aber nur im direkten Vergleich gelingt. Im Durchschnitt sind Alande 30 bis 40 Zentimeter lang, können aber bis 80 Zentimeter erreichen und dann fünf Kilogramm auf die Waage bringen. Ihre Laichzeit fällt in die Monate April bis Juni.

Bei Alanden dieser Größe besteht eine Verwechslungsgefahr mit Rotaugen nicht mehr.

Wo? Alande mögen ruhig fließende Gewässer und kommen in Seen nur selten vor. Sie halten sich bevorzugt in Ufernähe auf und ernähren sich dort von Würmern, Schnecken und Insekten.
Wann? Wie für andere Friedfische, so ist auch für Alande der Sommer die beste Angelzeit.

Womit? Die meisten Angler befischen Alande mit der Feederute. Mit Spinnködern oder Kunstfliegen erbeutete Exemplare sind in der Regel Zufallsfänge, wenn man es eigentlich auf andere Fischarten abgesehen hat. Eine 0,20er monofile Hauptschnur in Kombination mit 8er bis 12er Haken genügt beim Ansitzangeln mit der Feeder- oder Stipprute vollkommen.
Worauf? Teig, Maden, Würmer, Weichkäse sowie Stücke von gekochten Kartoffeln sind sehr gute Alandköder.

ZIELFISCH DÖBEL

Wer? Döbel gehören, neben Rapfen, zu den Fischarten, die sich weder als Raub- noch als Friedfische ansprechen lassen. Sie werden sowohl von Grundanglern als auch von Spinn- und Fliegenfischern gefangen. Von anderen silbernen Fischen unterscheiden sie sich durch ihren massigen, drehrunden Körper, die relativ großen Schuppen sowie ihren bulligen Kopf, der Döbeln auch den Spitznamen Dickköpfe eingebracht hat. Im Durchschnitt sind Döbel 25 bis 35 Zentimeter lang, kapitale Exemplare erreichen bis zu 70 Zentimeter und wiegen dann rund fünf Kilogramm. Die Laichzeit fällt in die Monate April bis Juni.
Wo? Döbel sind Bewohner fließender Gewässer. In Seen trifft man sie nur an, wenn diese von Bächen gespeist werden. Gute Stellen findet man unterhalb von Wehren, an Brückenpfeilern und unter überhängenden Ästen. Zwar mögen die Dickköpfe fließendes, sauerstoffreiches Wasser, doch stecken sie meist in den ruhigeren Abschnitten abseits der Hauptströmung.
Wann? Döbel beißen das ganze Jahr hindurch. Beste Fangzeit für kapitale Fische ist der Sommer.
Womit? Spezialisten fangen sie mit der Fliegenrute und in den Sommermonaten auch mit Früchten (Hauptsächlich Kirschen). Da die Fische sehr scheu sind, sollte mit feinem Gerät gefischt werden. Schnurstärken über 0,25er schätzen Dickköpfe nicht.
Worauf? Als Allesfresser sind Döbel nicht wählerisch. Sie beißen sowohl auf Maden, Würmer und Köderfischchen als auch auf Teig und Käse.

Döbel sind Allesfresser und gehen oft als Beifang an den Haken.

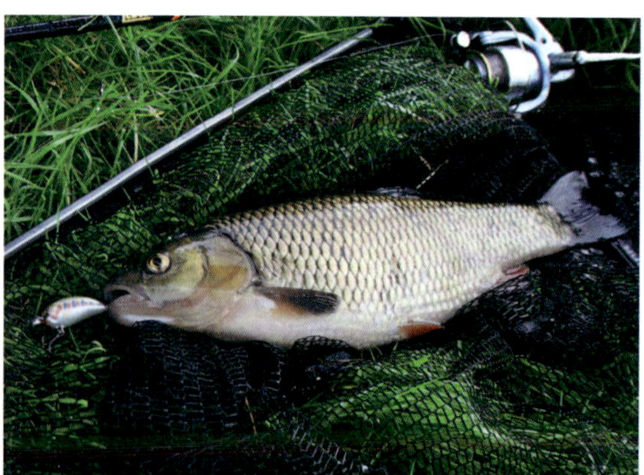

ZIELFISCH BARBE

Wer? Barben sind Bewohner rasch fließender und tieferer Abschnitte in der nach ihnen benannten Barbenregion von Flüssen. Sie zählen

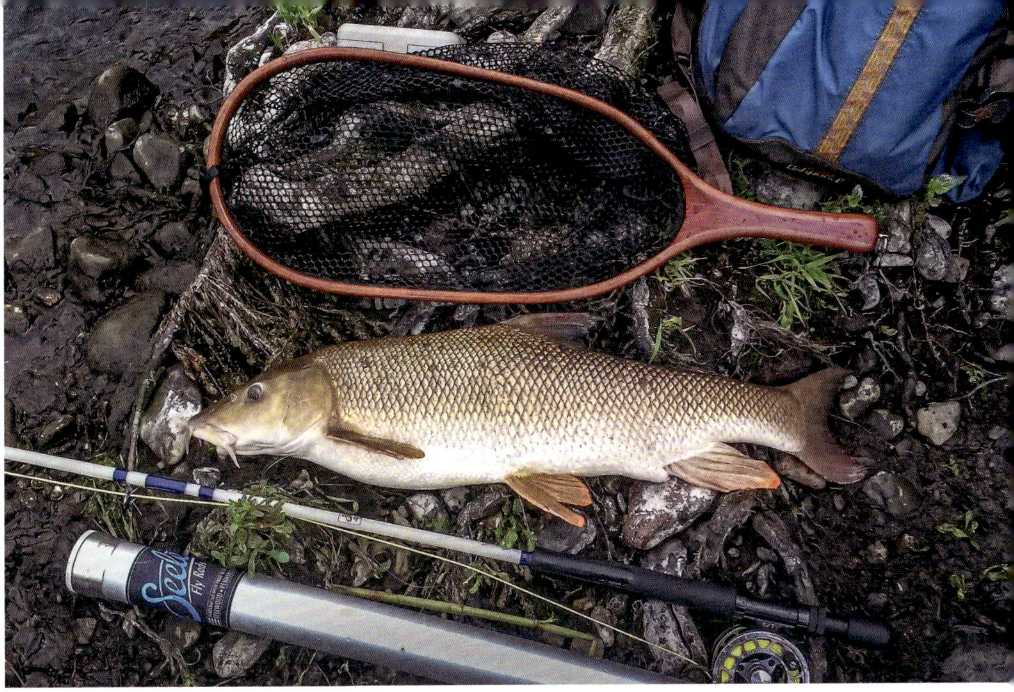

Barben lassen sich mit vielen Ködern fangen. Diese wurde beim Fliegenfischen erbeutet.

zu den athletischen Fischen. Ihr langer, schlanker und fast drehrunder Körper im goldenen Schuppenkleid macht sie zusammen mit ihren vier Barteln unverwechselbar. Barben sind im Durchschnitt 30 bis 50 Zentimeter lang. Kapitale Exemplare erreichen bis 90 Zentimeter und wiegen dann rund acht Kilogramm. Die Barbenlaichzeit fällt in die Monate Mai bis Juli je nach Wassertemperatur.

Wo? Barben halten sich bevorzugt in rascher Strömung sowie unterhalb von Wehren auf. Sie mögen kiesigen Grund und meiden ruhige Flussabschnitte. Die besten Fangplätze findet man an der Strömungskante der Buhnenfelder.

Wann? Zwar kann man Barben das ganze Jahr hindurch befischen, doch sind die Sommer- und Frühherbstmonate die beste Angelzeit. Barben beißen den ganzen Tag hindurch und können sowohl tagsüber als auch nachts befischt werden.

Womit? Da sie zu den kampffreudigsten Fischen zählen und im Drill die Strömung als „Partner" zu nutzen wissen, sollten Barben nicht mit leichtem Gerät angegangen werden. Eine 0,25er monofile Hauptschnur ist das Mindeste. Gefischt wird hauptsächlich mit der Feederute. An größeren Flüssen wie der Mosel oder dem Rhein, kann auch eine starke Feedrerrute (Heavy Feeder) nötig sein.

Worauf? Sehr gute Köder für das Grundangeln sind Maden, Würmer, Mais, Würfel von Holländer Käse oder Teigkugeln. Barben lassen sich aber auch mit an der Fliegenrute angebotenen Nymphen befischen.

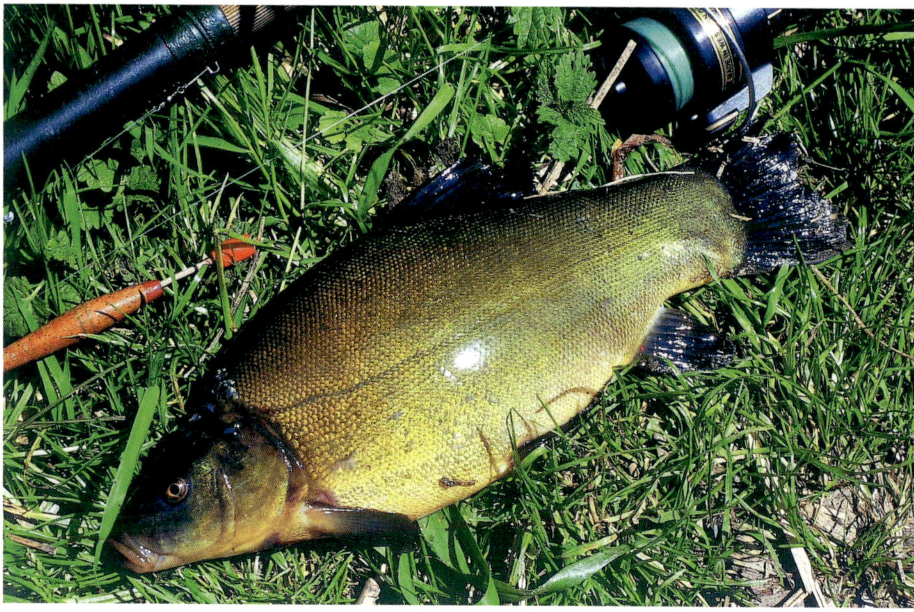

Schleien sind bildschön und schwierig zu fangen.

ZIELFISCH SCHLEIE

Wer? Mit ihrem dunkelgrünen, kräftigen Körper und den kleinen messingfarbenen Schuppen zählen Schleien zu den schönsten Fischen in unseren Gewässern. Die sehr langsam wachsenden Fische sind im Durchschnitt 20 bis 30 Zentimeter lang, kapitale Exemplare erreichen bis zu 60 Zentimeter und bringen dann rund vier Kilogramm auf die Waage. Die Schleienlaichzeit fällt in die Monate Mai bis Juni.
Wo? Schleien lieben stehende, trübe und langsam fließende Gewässer. Seerosen- und Wasserkrautfelder sind stets auch beliebte Schleienunterstände, in deren unmittelbarer Nähe gefischt werden sollte. Die Fische halten sich bevorzugt in Grundnähe auf und nehmen auch ihre Nahrung nur vom Boden auf.
Wann? Die beste Angelzeit fällt in die Sommermonate. Am besten fischt man in der Morgen- und Abenddämmerung gezielt auf Schleien.
Womit? Schleien zählen zu den scheusten und misstrauischsten Friedfischen. Für ihren Fang ist daher leichtes und unauffälliges Gerät passend. Leichte Posen mit ein bis zwei Gramm Tragkraft, 0,18er bis 0,20er Schnur und Haken der Größe 8 bis 10 sind zum Schleienfang genau richtig.
Worauf? Würmer, Maden, Mais und Teig sind sehr gute Schleienköder. Wichtig ist es, dass Köder stets auf dem Grund liegend angeboten werden.

ZIELFISCH KARPFEN

Wer? Bei kaum einer anderen Fischart ist die Frage nach dem Wesen schwieriger zu beantworten als beim Karpfen. Dies liegt vor allem daran, dass es unterschiedliche Formen dieser Fischart gibt, die sich zwar alle auf dieselbe und heute noch vorkommende Form des Wildkarpfens zurückverfolgen lassen, zwischenzeitlich aber unterschiedlich aussehen. Karpfen werden seit dem Mittelalter in Europa gezüchtet. Man unterscheidet heute vier Zuchtformen: Schuppen-, Zeil-, Leder- und Spiegelkarpfen. Daneben gibt es noch die seltene Form des Wildkarpfens. Alle Karpfenformen haben neben ihrer goldbraunen Farbe ein wesentliches gemeinsames Merkmal, nämlich ihr von vier kurzen Barteln gesäumtes Rüsselmaul. Da Spiegelkarpfen seit Jahrhunderten in der Zucht dominieren und im Fischhandel auch die preiswertesten sind, stellen sie das Gros der in deutschen Gewässern schwimmenden Karpfen dar. Galten Exemplare von mehr als zehn Kilogramm Gewicht bis in die 1980er Jahre als Zielfische für Spezialisten, die sie in aufwendigen Ansitzen fingen, so fangen dank moderner Selbsthakmontagen und Boilies auch Einsteiger weitaus größere Fische.

Angaben über die Durchschnittsgröße der von Anglern gefangenen Fische lassen sich nur schwer machen. Dies liegt daran, dass in einigen Gewässern wenige, dafür aber

Schuppenkarpfen werden selten ausgesetzt und sind in manchen Gewässern rar.

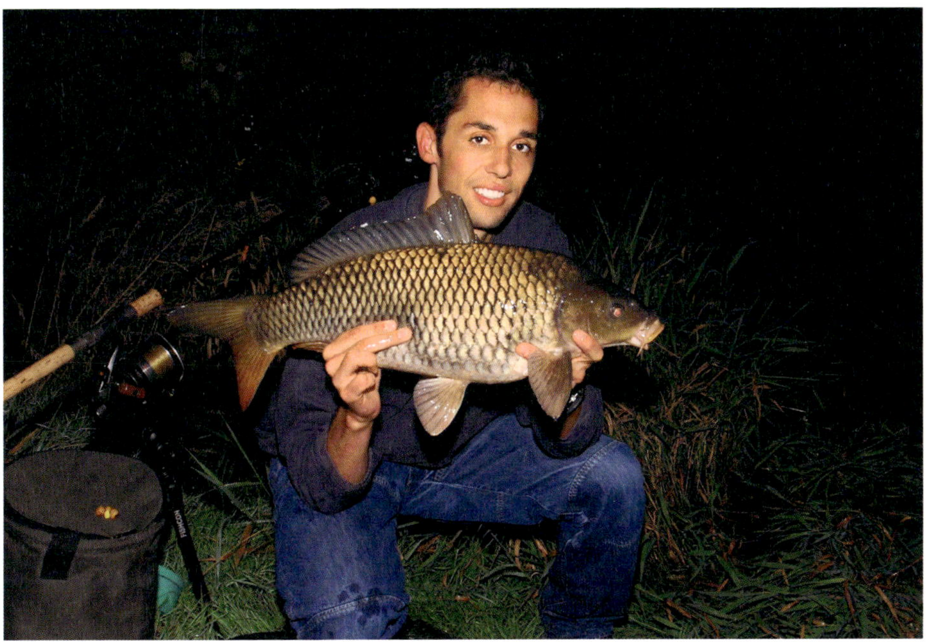

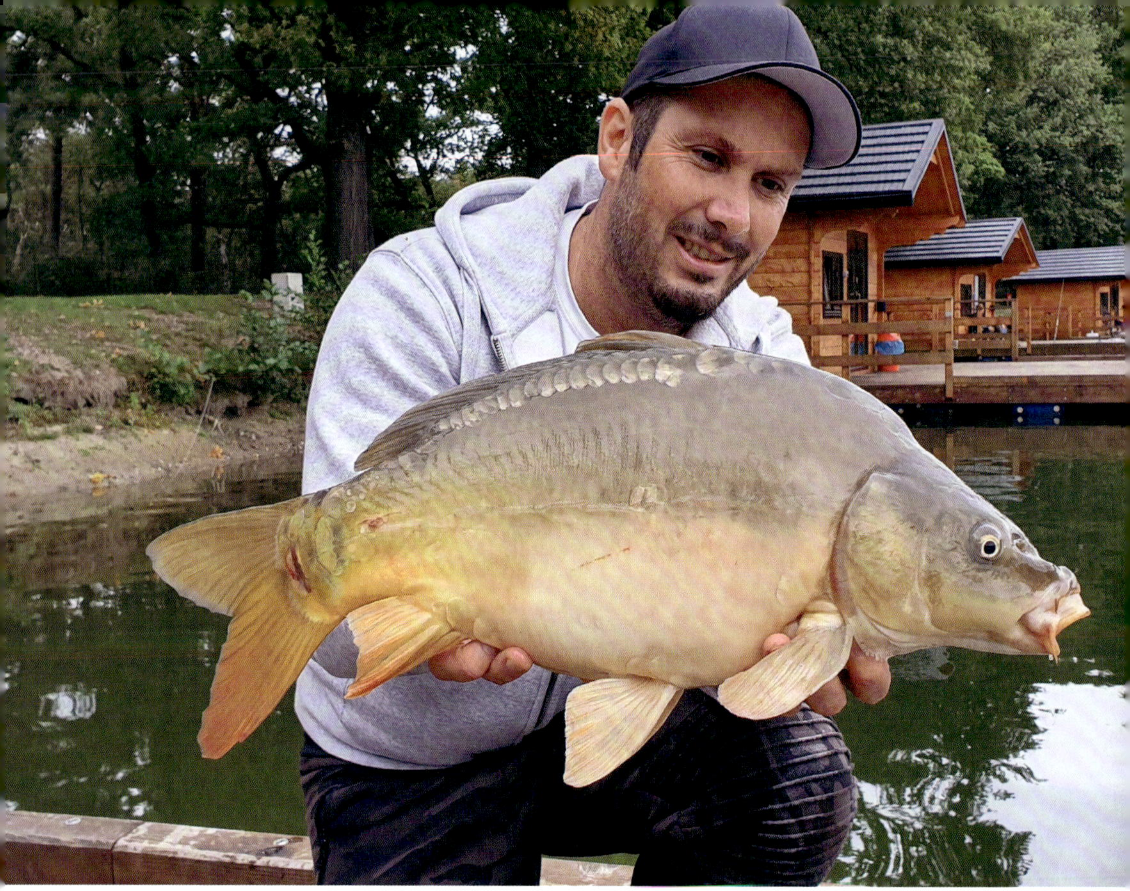

sehr große Fische leben und in anderen viele und für eine spätere Entnahme zwecks Küchenverwertung vorgesehene Satzkarpfen schwimmen. Im Durchschnitt sind die auf Köder wie Mais oder Teig gefangenen Karpfen 40 bis 60 Zentimeter lang, kapitale Exemplare werden bis einen Meter lang und dreißig Kilogramm schwer. In den meisten Gewässern vermehren sich Karpfen nur in besonders günstigen Jahren (Laichzeit im Juni). Ein guter Karpfenbestand hängt daher von regelmäßigen Besatzmaßnahmen ab.

Wo? Zwar werden Karpfen mit modernen Angelmethoden das ganze Jahr hindurch gefangen, doch fällt die beste Angelzeit (besonders für Einsteiger) in die Frühjahrs- und Sommermonate. Kapitale Karpfen sind sehr scheu und lassen sich am besten in der Nacht fangen. In stehenden Gewässern findet man sie tagsüber in der Nähe von Seerosenfeldern. Schilfufer sind sehr gute Fangplätze. In der Nacht durchstreifen die auf Nahrungssuche befindlichen Fische aber auch das Freiwasser, sodass man sie an Angelstellen (langfristiges Anfüttern) locken kann. In größeren Flüssen findet man in den Buhnenfeldern gute nächtliche Fangplätze. In Schifffahrtswegen sind Karpfen überall dort anzutreffen, wo das Wasser in Bewegung ist und Nahrung aus dem Grundsediment gespült wird (Schleusen, Wendebecken, Häfen).

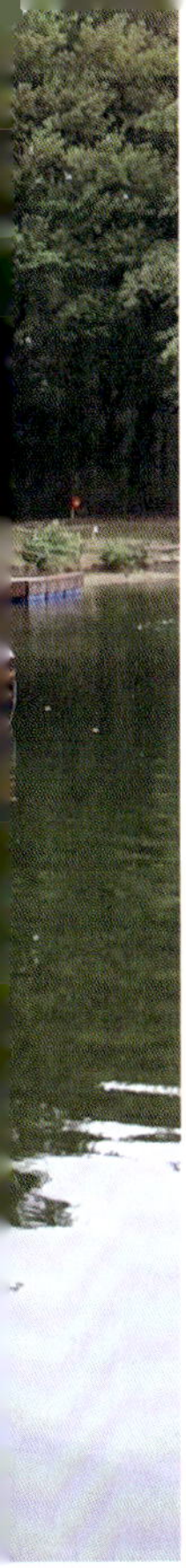

1

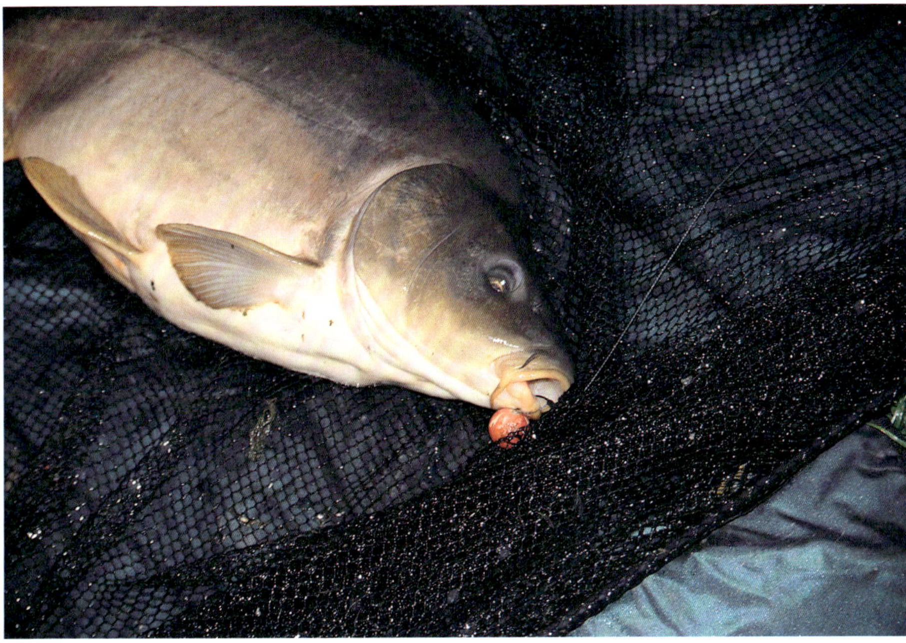

2

Wann? Von April bis Ende September lohnen sich nächtliche Ansitze auf Karpfen ganz besonders. Allerdings scheinen die Fische den heißen Hochsommer nicht zu schätzen, was wohl mit den dann vorherrschenden hohen Wassertemperaturen und dem wenigen Sauerstoff zusammenhängt.
Womit? Da Karpfen zu den wehrhaftesten Fischen zählen, muss das Gerät entsprechend stabil gewählt werden. Der Fachhandel hält spezielle Karpfenruten (Boilieruten) bereit, mit denen sich auch kapitale Fische ausdrillen lassen. Kombiniert werden diese Ruten mit Freilaufrollen, die mit mindestens 150 Metern qualitativ hochwertiger 0,30er monofiler Schnur bespult sein sollten.
Worauf? Die meisten Angler befischen Karpfen mit Boiliemontagen. Die Fische beißen aber auch sehr gut auf Mais, Teig, ganze (mittelweich gekochte) Kartoffeln, Würmer und Maden.

1. Spiegelkarpfen sind die häufigste Karpfenform in deutschen Gewässern.

2. Das Rüsselmaul des Karpfens ist hier gut zu erkennen.

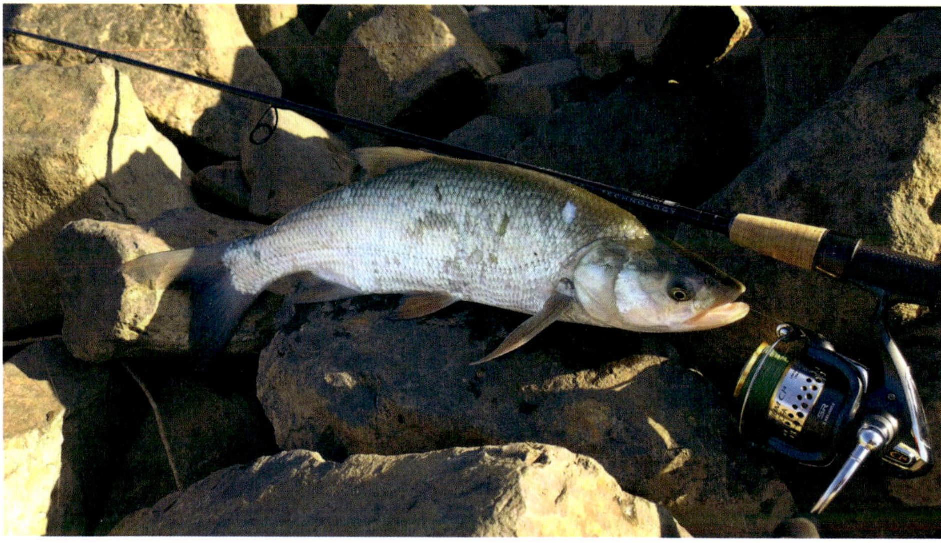

1

1. Rapfen sind Pfeilschnelle Jäger und wehrhafte Gegner an der Spinn- und Fliegenrute.
2. Für jeden Zielfisch das richtige Vorfach

ZIELFISCH RAPFEN

Wer? Neben Döbeln gehören Rapfen zu den Fischarten, die weder reine Raub- noch Friedfische sind. Sie werden sowohl von Spinn- wie auch von Fliegenfischern gefangen. Von anderen silbernen Fischen unterscheiden sie sich durch ihren langen, kräftigen, seitlich leicht zusammengedrückten und an einen Torpedo erinnernden Körper. Ihr silbernes Schuppenkleid, die tiefe weite Maulspalte sowie der vorstehende Unterkiefer machen Rapfen unverwechselbar. Ihre kompakte Körperform brachte ihnen den Spitznamen Silberbarren ein, der jedoch auch Meerforellen verpasst wurde.

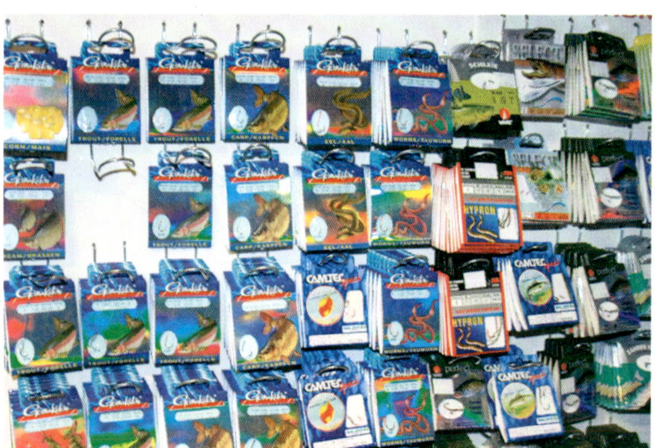

2

Im Durchschnitt sind Rapfen 45 bis 50 Zentimeter lang, kapitale Exemplare werden knapp einen Meter lang und können zehn Kilogramm erreichen. Ihre Laichzeit fällt in die Monate April bis Juni.

Wo? Rapfen mögen stark fließendes Wasser, sind allerdings nur in Flüssen und nicht in Bächen anzutreffen. Sie jagen oft direkt unter der Wasseroberfläche und verraten sich dann durch lautes Platschen sowie eine Vielzahl vor ihnen flüchtender und die Wasseroberfläche durchbrechende Kleinfische. Gute Fangplätze finden sich an der Strömungskante von Buhnenfeldern, in der Hauptströmung sowie in der Nähe von Schleusen und Wehren.

Wann? Rapfen beißen das ganze Jahr hindurch und scheinen keine Tageszeiten für ihre Raubzüge zu bevorzugen. Beste Fangzeit für kapitale Fische ist der Sommer.

Womit? In der Regel werden Rapfen mit der Spinn- oder der Fliegenrute befischt. Da sie zu den wehrhaftesten Fischen zählen, müssen sie mit kräftigem Gerät angegangen werden. Mittlere Spinnruten, 0,15er geflochtene Schnüre sowie Stationärrollen mit einer guten Bremse sind beim Spinnfischen das passende Material. Stellt man ihnen mit der Fliegenrute nach, so ist eine Ausrüstung der A.F.T.M.A. Klasse 7 bis 8 ideal.

Worauf? Schlanke Blinker (Meerforellenblinker), Wobbler sowie Spinner haben sich zum gezielten Rapfenangeln hervorragend bewährt. Wird mit der Fliege gefischt, so kommen nur lebhafte Streamer in Betracht. Rapfenköder müssen schnell geführt werden. Sie dürfen beim Einholen sogar die Wasseroberfläche durchbrechen.

ALLES AUS EINER HAND?

Den Begriff Zielfisch gibt es noch nicht lange. Er wurde von der Angelgeräteindustrie geschaffen, um Einsteigern bei der Anschaffung ihrer Erstausrüstung eine Orientierungshilfe zu geben. Die Verpackungen von Ruten, Rollen, Schnur und Kleinzeug werden mit einem Bildchen der jeweiligen Fischart versehen, sodass unerfahrene Petrijünger nicht Gefahr laufen, eine Hecht-Zielfisch-Rolle mit Zielfisch-Rotaugen-Schnur zu bewickeln und anschließend an einer Zielfisch-Wallerrute zu befestigen. Diese Idee ist prinzipiell sehr gut, denn so können auch völlig unerfahrene Anfänger eigentlich nichts falsch machen. Sie hat aber leider den Nachteil, dass von allen Herstellern nur sehr selten qualitativ hochwertige Produkte unter diesen Labels angeboten werden. Wer gezielt auf eine Fischart angeln möchte, ist daher wesentlich besser beraten, wenn er sich die entsprechende Ausrüstung von einem erfahrenen Angelgerätehändler zusammenstellen lässt. Der Händler vor Ort kennt die Gewässer und Zielfische. Er weiß, was man wann und wo braucht.

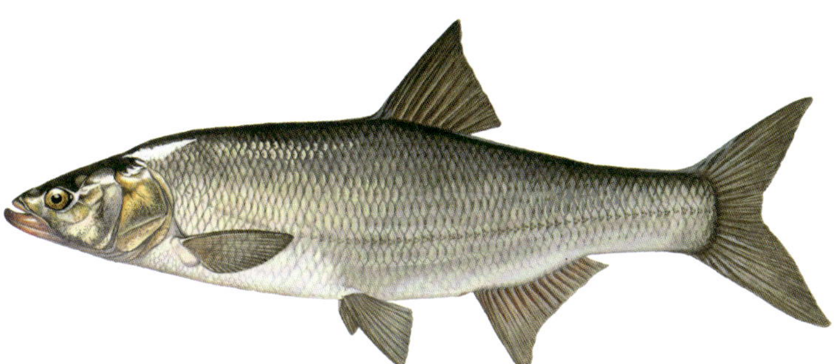

ZIELFISCH BARSCH

Wer? Mit ihrer prächtigen Färbung, ihren schwarzen Streifen und ihren wehrhaften Stacheln zählen Barsche zu den schönsten Fischen unserer Gewässer. Als kleine Stachelritter müssen sie sich diesen Spitznamen mit Zandern (den großen Stachelrittern) teilen, von denen sie sich durch ihre leuchtend grüne Farbe und ihre roten Bauchflossen unterscheiden. Im Durchschnitt sind die in Schwärmen lebenden Barsche 15 bis 20 Zentimeter lang. Kapitale Exemplare, die dann als misstrauische und scheue Raubfische leben, werden bis 60 Zentimeter lang und drei Kilogramm schwer. Kleine Barsche stürzen sich besonders in den Frühjahrs- und Sommermonaten auf fast alles, was sich bewegt, denn in der warmen Jahreszeit ist ihr Stoffwechsel am aktivsten und somit ihr Appetit am größten. Trotzdem wachsen sie recht langsam und kapitale Exemplare haben im Laufe ihres langen Lebens die Ausdünnung ihres zu Beginn einige Hundert Individuen umfassenden Schwarmes solange miterlebt, bis nur noch sie als Kleingruppe oder Einzelgänger übrig geblieben sind. Die Barschlaichzeit fällt in die Monate zwischen November und April und hängt stark von der Wassertemperatur ab.

Wo? Barsche bevölkern alle Gewässer mit gemäßigter Temperatur und sind außer in der Forellenregion fast überall zu finden. In Seen bevorzugen sie die tiefen Stellen mit sandigem und kiesigem Grund, suchen aber auch gern Stege und Bootsanleger auf. In Kanälen findet man sie tagsüber meist in der Nähe

Barsche zählen zu den schönsten Fischen in unseren Gewässern.

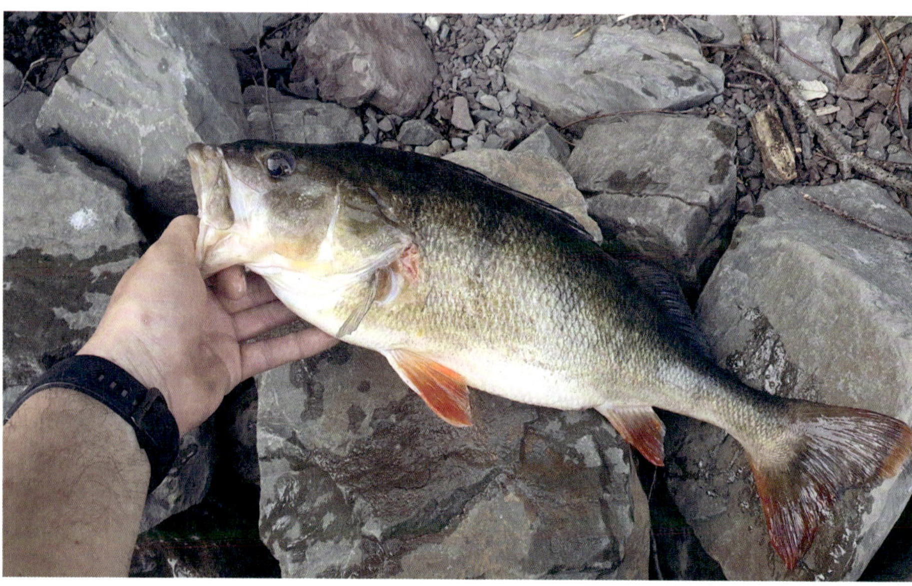

der Spundwände, unter Brücken, an Schiffsanlegern. In Flüssen sind alle Wehre, Buhnenfelder, Schiffsanleger sowie Schleusen Barsch-Plätze. Allerdings sind sie nicht standorttreu, müssen also von Anglern immer wieder aufs Neue gefunden werden. Dies macht sie zu idealen Zielfischen für Spinnangler.

Wann? Barsche beißen das ganze Jahr hindurch. Im Sommer sind die frühen Morgen- und späten Abendstunden gute Beißzeiten. Im Spätherbst und Winter beißen sie am besten in den Nachmittagsstunden. Da sie auch im Winter ihren Appetit kaum zügeln, sind sie beliebte Beutefische der Eisangler. Die beste Fangzeit für kapitale Fische fällt in die Monate mit „r".

Womit? Kleine und mittlere Barsche sind sehr leicht zu fangen und sind für viele Angler die ersten Fische, die sie mit Würmern, Köderfischen oder Spinnködern erbeuten. Große Barsche hingegen sind alles andere als leicht zu fangen und stellen auch erfahrene Petrijünger oft vor Probleme. Da Barsche nicht zu Riesen heranwachsen, könnte man sie mit leichtem Gerät befischen. Dies ist allerdings nicht überall möglich und stellt vor allem dort eine Gratwanderung dar, wo auch Hechte und große Zander vorkommen. Spinn- und Ansitzangler sollten daher zu mittlerem Gerät greifen. Wird mit Spinnködern geangelt, so ist eine Rute mit einem Wurfgewicht von zehn bis 40 Gramm ideal. Eine Rolle mit 0,25er monofiler oder 0,12er geflochtener Schnur sowie ein dünnes Stahlvorfach (zum Schutz vor Hechtzähnen) runden die Barschausrüstung ab. Wird mit geflochtener Hauptschnur gefischt, so muss ein etwa ein Meter langes Stück monofiler Schnur zwischen Köder (bzw. Stahlvorfach) und Hauptschnur geschaltet werden, denn dehnungsarme Geflechtschnur führt rasch zum Ausschlitzen des Hakens aus den weichen „Papiermäulern" der Barsche. Angelt man mit Würmern, so darf die Ausrüstung entsprechend leicht gewählt werden. Eine Rute mit fünf bis 20 Gramm Wurfgewicht, parabolischer Aktion sowie eine 0,15er monofile Schnur reichen dann völlig aus.

Worauf? Als Hauptköder zum gezielten Barschangeln sind Tauwürmer, Köderfische und kleine Spinnköder. Als sehr gute Spinnköder haben sich Spinner in den Größen 2 und 3, kleine Wobbler in Längen von sechs bis zehn Zentimetern sowie die in zahlreichen Varianten zu bekommenden Gummifische und Twister erwiesen.

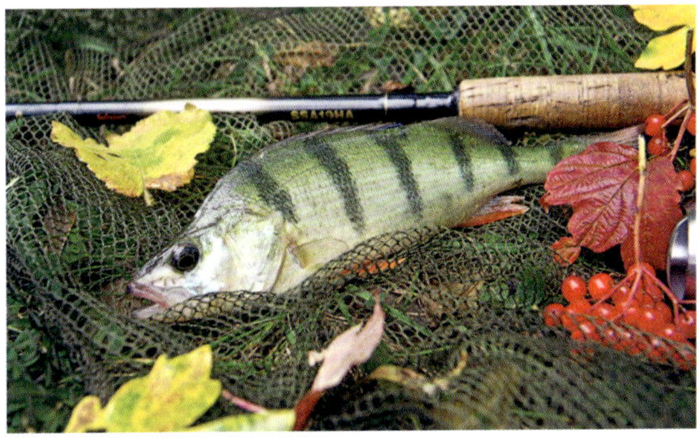

Ein wunderschöner Herbst-Barsch

ZIELFISCH HECHT

Wer? Neben Wallern gehören Hechte zu den Königen der deutschen Gewässer und stehen auf den Wunschlisten der meisten Angler ganz oben. Geschichten vom gefräßigen Räuber, der unter den Friedfischbeständen großen Schaden anrichtet, weiß jeder erfahrene Hechtangler als Märchen zu entlarven, denn Hechte stürzen sich nicht auf jeden vorbeikommenden Kunstköder, sondern sind mitunter sehr launisch und alles andere als leicht zu fangen. In der Regel lassen sie sich aber (bei gekonnter Kunstköderführung) nicht lange bitten und gehen Spinnfischern regelmäßig an die Spinner, Blinker, Wobbler und Gummiköder. Anders als Zander reagieren Hechte allerdings auf hohen Angeldruck mit erheblicher Zurückhaltung. Werden sie von zu vielen Anglern belästigt, wechseln sie das Revier. Mit ihrer schlanken Gestalt und grünen Farbe zählen Hechte zu den eleganten und schönen Fischen der mitteleuropäischen Gewässer. Unverwechselbare Kennzeichen des Hechtes sind sein großer Kopf mit langem Unterkiefer. Sowohl Ober- als auch Unterkiefer sind mit äußerst scharfen und nach hinten gerichteten Zähnen ausgestattet. Geschlossen ähnelt das Hechtmaul einem Entenschnabel. Die sehr weit nach hinten verlagerte Rückenflosse sowie die kräftige Schwanzflosse kennzeichnen Hechte als pfeilschnelle Jäger. Die Färbung kann je nach Wasserfarbe zwischen leuchtend grün und grün-braun schwanken. Im Durchschnitt sind Hechte 50 bis 65 Zentimeter lang, kapitale Exemplare wachsen bis anderthalb Meter heran und können dann annähernd 25 Kilogramm auf die Waage bringen. Die Laichzeit fällt in die Monate Februar bis April, dann genießen Hechte (fast) überall Schonzeit.

Wo? Außer in höheren alpinen Regionen sind Hechte in fast allen stehenden und langsam fließenden Gewässern zu finden. In regulierten Flüssen sind sie heute jedoch

Esox lucius, der Herrscher des Gewässers

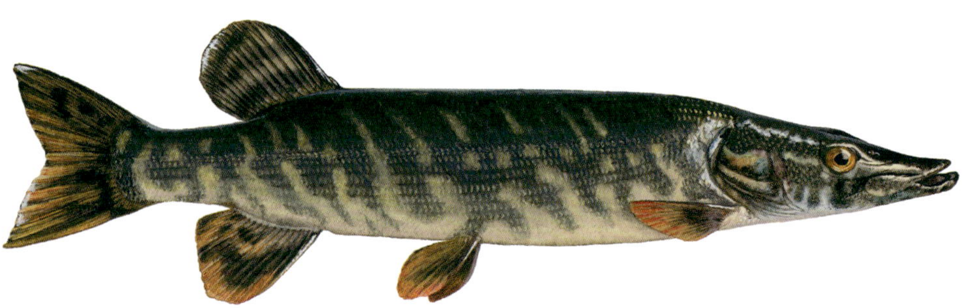

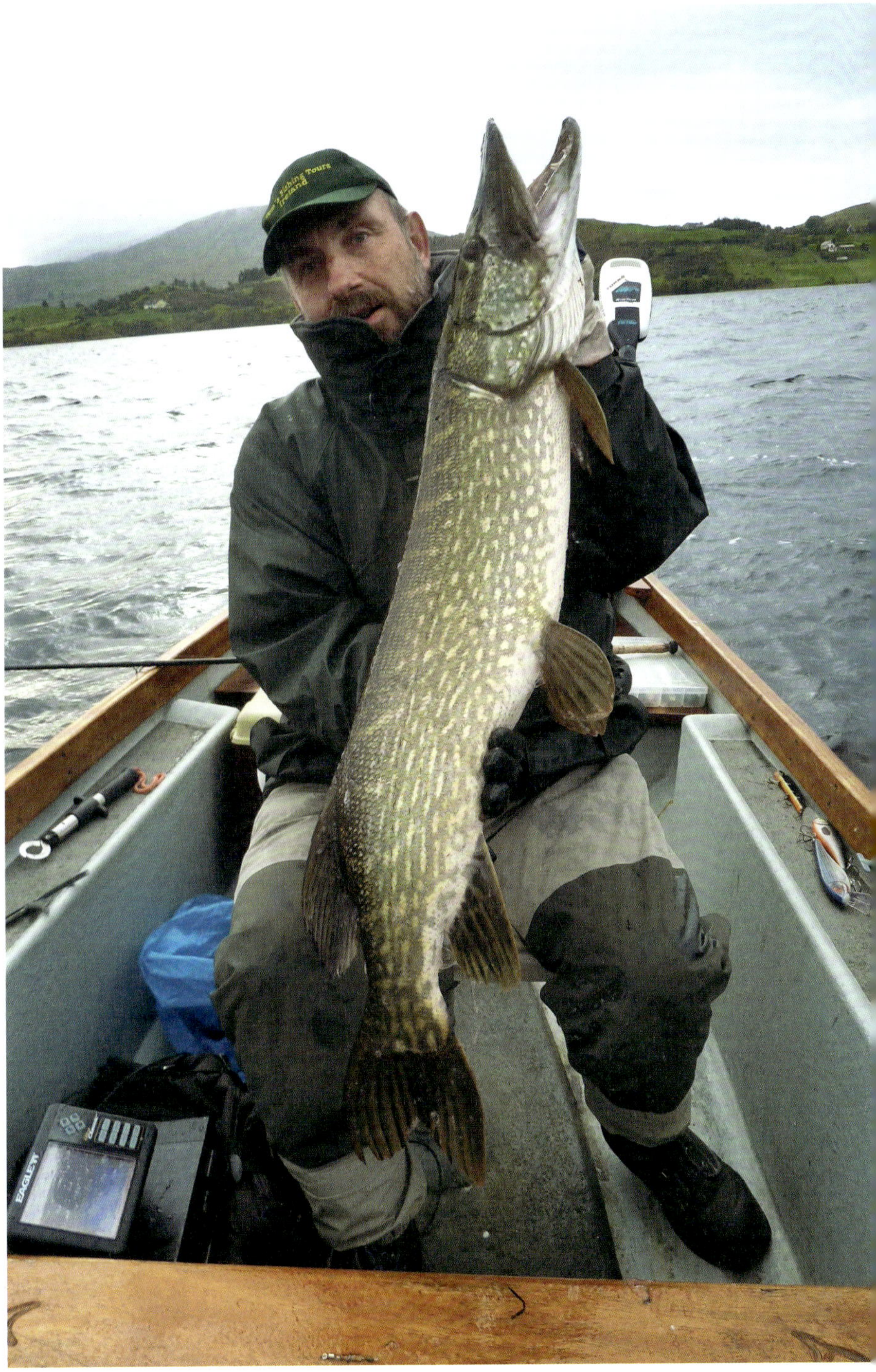

Kapitale Hechte zählen zu den absoluten Traumfischen.

weitestgehend von Zandern als „Hauptraubfische" verdrängt worden, was daran liegt, dass ihnen die zur Laichablage überspülten Uferwiesen dort in der Regel fehlen. Seen (auch Stau- und Baggerseen) sind somit in Deutschland die besten Hechtreviere. In Norddeutschland sind auch Entwässerungsgräben und stillgelegte Kanäle (mit bewachsenen Ufern) sehr gute Hechtgewässer. Moderne Kanäle und Schifffahrtswege sind hingegen keine passenden Lebensräume für Hechte, sodass ihre Bestände dort recht klein ausfallen. In stehenden Gewässern halten sich kleinere Hechte meist in der Uferregion auf. Größere Exemplare sind Freiwasserfische und werden in der Regel weit entfernt vom Ufer gefangen. Hechte bevölkern alle Wasserschichten. Im Frühjahr und Sommer bevorzugen sie die wärmeren Regionen in etwa zwei Metern Wassertiefe, im Winter stehen sie in Grundnähe. In Entwässerungsgräben und kleineren Kanälen stehen auch größere Exemplare gern in Ufernähe. In Flüssen findet man Hechte in der Nähe von Einmündungen (Nebenflüsse, Bacheinläufe, Wassergräben), unterhalb von Wehren sowie in den Buhnenfeldern. Sowohl an stehenden wie auch an fließenden Gewässern sind Häfen und Bootsstege oft Anlaufstellen bzw. Unterstände für Hechte.

Wann? Hechte lassen sich das ganze Jahr hindurch fangen. Im Frühjahr und Sommer ist der frühe Abend die beste Angelzeit, im Winter gehen Hechte eher in den Mittagsstunden an den Haken. Beste Wetterbedingen herrschen bei leichtem Wind aus südlichen und westlichen Richtungen, bewölktem Himmel und Nieselregen.

Womit? Als reine Raubfische fressen Hechte nur Fische, Amphibien, Krebse sowie Küken von Wasservögeln bzw. Jungtiere von Wasserratten oder ins Wasser gestürzte Kleinsäugetiere (z. B. Mäuse). Sie sind somit klassische Zielfische für Spinnfischer sowie Ansitzangler, die ihre Drillingshaken mit Köderfischen bestückt haben. Da sie sehr wehrhafte, wenn auch keineswegs ausdauernde Kämpfer sind, muss das Gerät entsprechend stabil gewählt werden. Eine mittlere bis starke Spinnrute mit einem Wurfgewicht von 20 bis 60 Gramm kommt beim Spinnfischen zum Einsatz, während Ansitzangler mit einer Karpfenrute (Boilierute) sehr gut ausgerüstet sind. Eine Stationärrolle mit einem Fassungsvermögen von rund 150 Meter 30er Schnur ist sowohl fürs Spinn- wie auch fürs Ansitzangeln ideal. Bespult wird die Rolle mit geflochtener

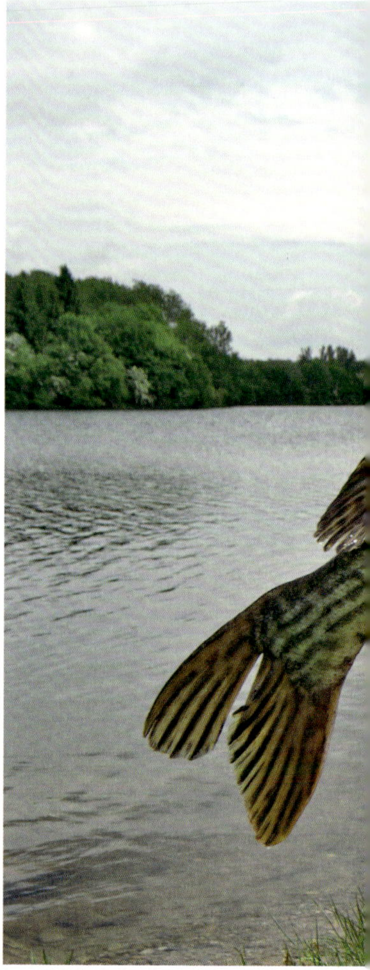

0,20er oder monofiler 30er bis 35er Schnur.

Worauf? Spinner in den Größen 4 und 5, Blinker von mehr als 20 Gramm sowie Wobbler und Gummifische der 20-Zentimeter-Marke sind gute Hechtspinnköder. Auch Köderfische dürfen durchaus größer als 20 Zentimeter sein.

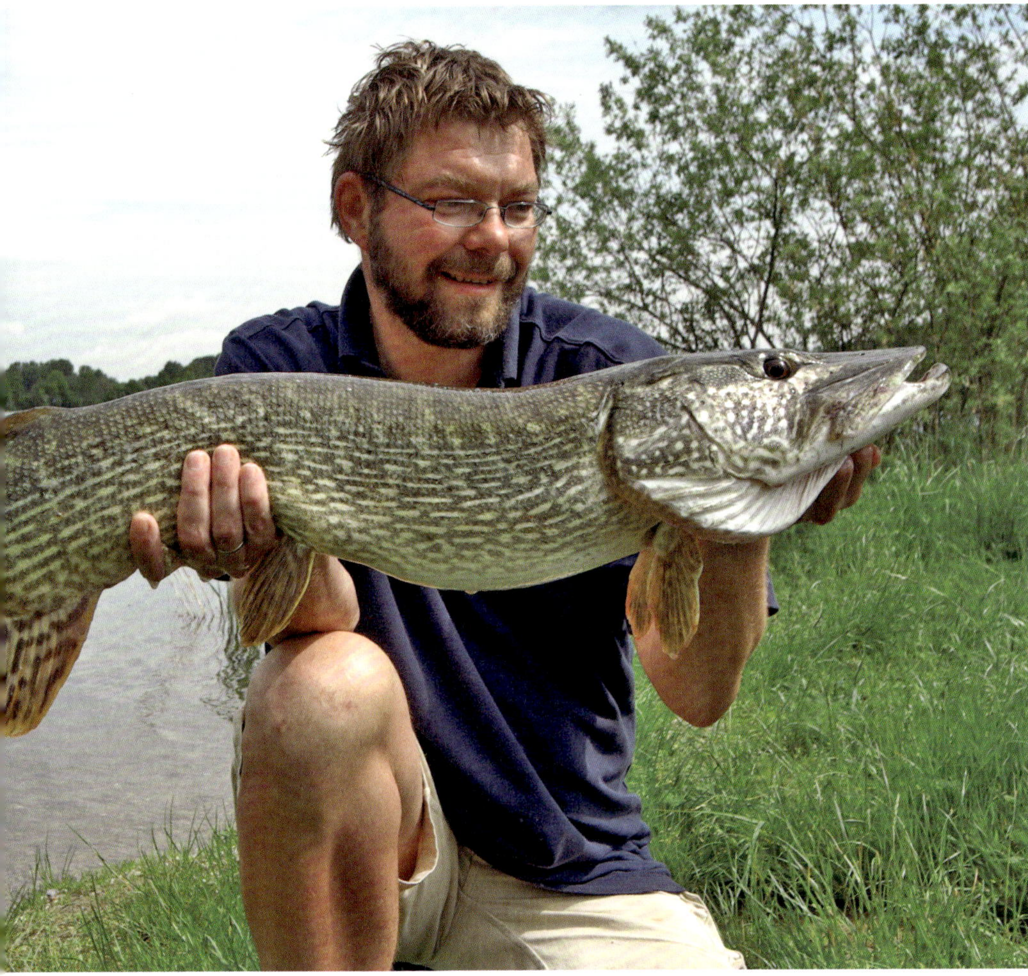

Ein ordentlicher Hecht auf Köderfisch

ZIELFISCH ZANDER

Wer? Zander zählen zu den beliebtesten Sport- und Speisefischen. Galten sie früher als launische Fische, die nur von Spezialisten auf die Schuppen gelegt werden konnten, so sind sie heute mit modernen Spinnködern wesentlich einfacher zu fangen. Junge Zander können aufgrund ihrer mit spitzen Dornen besetzten ersten Rückenflosse von Einsteigern leicht mit Barschen verwechselt werden. Sie unterscheiden sich von diesen Verwandten jedoch durch ihre gräulich-beige Farbe, ihre spitzen Zähne sowie ihre schlanke Körperform. Zander sind im Durchschnitt

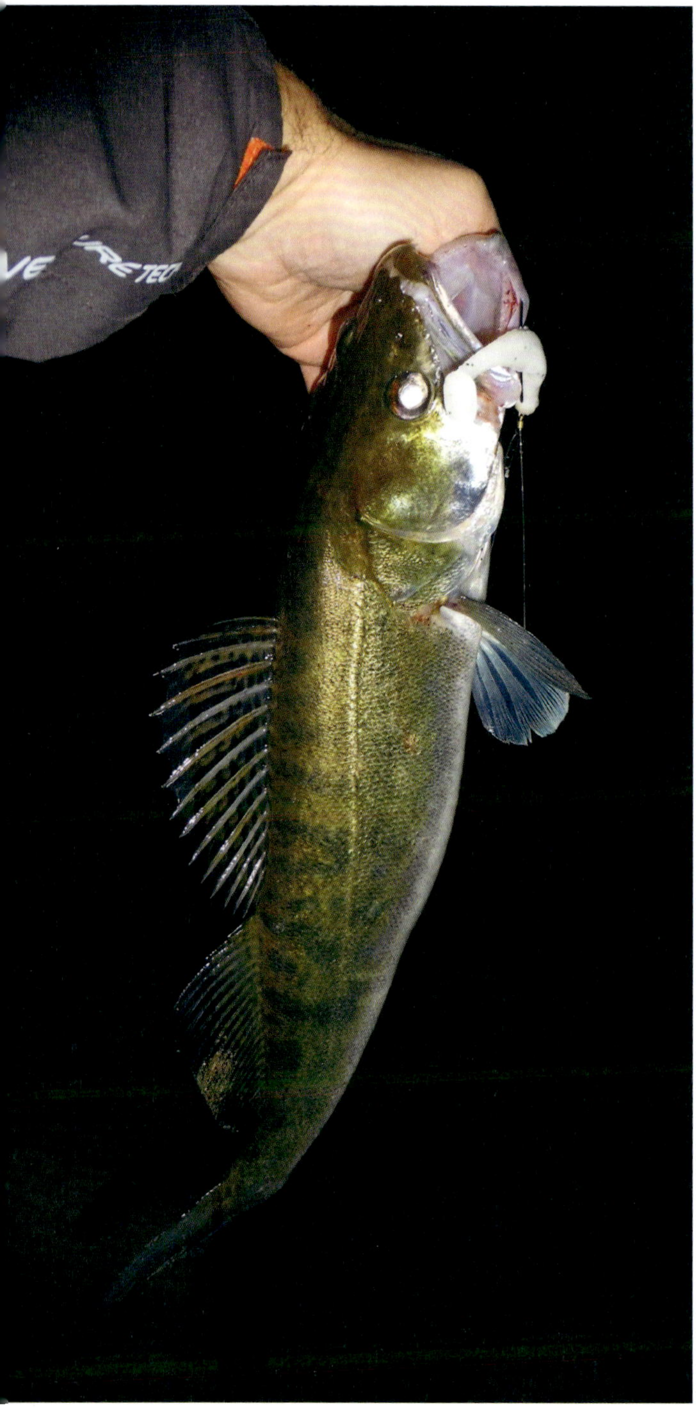

45 bis 60 Zentimeter lang. Kapitale Exemplare werden bis über einen Meter lang und 17 Kilogramm schwer. Ihre Laichzeit fällt in die Monate April bis Mai, in denen sie dann auch eine Schonzeit genießen.

Wo? Zander bevölkern viele stehende und fließende Gewässer. In Seen bevorzugen sie tagsüber die tiefen Stellen mit sandigem und kiesigem Untergrund. Nachts kommen sie zum Fressen in flachere Regionen. In Kanälen sind Fahrrinnen und Schleusenanlagen gute Zanderplätze. In Flüssen sind besonders die Buhnenfelder Top-Reviere. Überall wo es Häfen (Yacht- oder Industriehäfen) gibt, lohnt sich das Zanderangeln ganz besonders.

Wann? Zander beißen das ganze Jahr hindurch. Beste Fangzeit ist Juni bis Dezember. Die Abenddämmerung sowie die ersten Stunden der Dunkelheit sind sowohl beim Spinn- wie auch beim Ansitzangeln die aussichtsreichsten Phasen.

Womit? Zander werden hauptsächlich mit der Spinnrute gefangen. Spezialisten stellen ihnen auch mit Naturködern an der Grund-

Spinnfischen ist die ideale Methode für Zander-Einsteiger. Dieser Stachelritter biss beim Nachtangeln auf einen Gummifisch.

und Posenrute nach, doch ist dies aufgrund der extremen Scheu dieser Fische keine leichte Übung. Zander schätzen dicke Schnüre und klobige Montagen beim Grundangeln überhaupt nicht und reagieren darauf mit sofortigem Loslassen des Köders. 0,25er monofile Vorfächer sind daher genau richtig. Einsteiger sollten ihre ersten Zanderversuche mit der Spinnrute starten, denn bei dieser Angelmethode kann unverzüglich angeschlagen werden, was zu einem sicheren Sitz des Hakens führt.
Worauf? Gummifische und Twister sind sind neben Wobblern Top-Köder. Deutlich weniger, dafür aber größere Exemplare, erbeutet man mit Köderfischen und Fischstücken (Fetzen) an der Grundangel. Zum Naturköderangeln auf Zander sind jedoch gute Kenntnisse der Gewässerbeschaffenheit unabdingbare Voraussetzung.

ZIELFISCH ÄSCHE

Wer? Äschen zählen neben Forellen zu den klassischen Zielfischen der Fliegenfischer. Da sie nur in sauberem, rasch fließendem und sauerstoffreichem Wasser vorkommen, sind sie Fische der Gebirgs- und Mittelgebirgsregionen. Äschen unterscheiden sich von allen anderen bei uns vorkommenden Fischarten vor allem durch ihre fahnenförmige

Äschen bewohnen fließende Gewässer und sind Zielfische der Fliegenfischer.

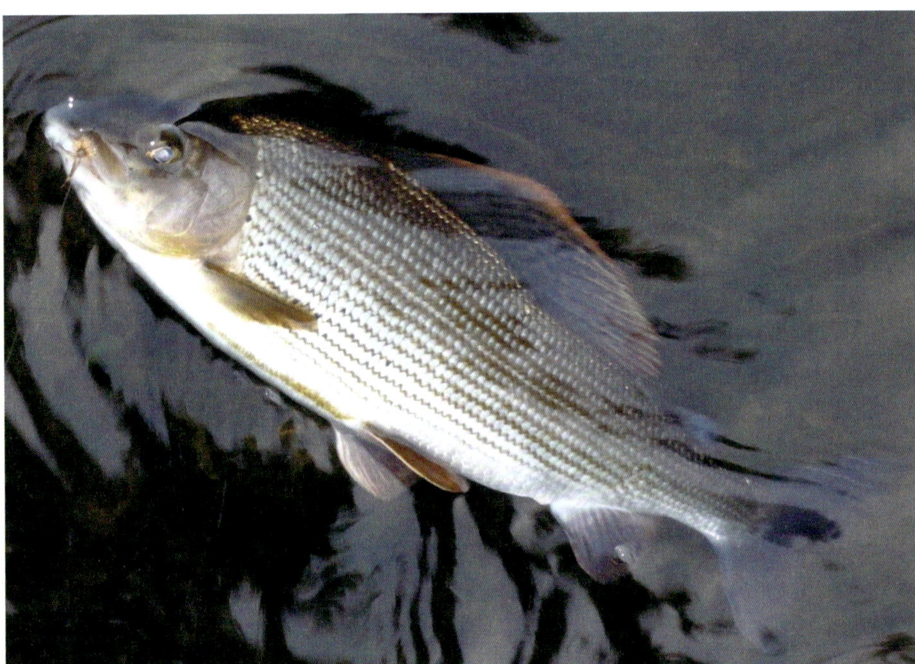

Rückenflosse, die mit mit dunklen Punkten bedeckt ist. Ihr langer und schlanker Körper ist von einem silbernen Schuppenkleid mit violetten Streifen bedeckt. Im Durchschnitt sind Äschen 30 bis 40 Zentimeter lang, kapitale Exemplare erreichen bis 60 Zentimeter und können dann drei Kilogramm auf die Waage bringen. Äschen laichen in den Monaten März bis Mai, dann genießen sie auch eine Schonzeit. Da sie sich hauptsächlich von Insekten, Insektenlarven, Kleinkrebsen, Schnecken und Würmern ernähren, sind sie wunderbare Zielfische für Fliegenfischer. Leider sind die Äschenbestände in den meisten Flüssen und Bächen stark zurückgegangen. Neben Flussbegradigungen trägt das hohe Kormoranvorkommen zu dieser tragischen Entwicklung noch immer in erheblichem Maße bei.

Wo? Äschen findet man in sauberen Fließgewässern. Als strömungsliebende Fische mögen sie die Bach- und Flussabschnitte in der nach ihnen benannten Region. Anders als Forellen, die gern in Ufernähe Deckung suchen, bevorzugen Äschen das Freiwasser und sind oft mitten im Fluss- bzw. Bachbett zu finden.

Wann? Äschen sind das ganze Jahr über zu fangen. Sie bevorzugen weder eine bestimmte Jahres- noch Tageszeit.

Womit? Die meisten Angler stellen ihnen mit der Fliegenrute nach. Da Äschen nicht zu Giganten heranwachsen, genügt eine leichte Fliegenrute A.F.T.M.A. der Klasse 5 bis 6.

Worauf? Nymphen (besonders Goldkopfnymphen) sind hervorragende Äschenköder. Man fängt sie aber auch mit Nass- und Trockenfliegen.

ZIELFISCH REGENBOGENFORELLE

Wer? Regenbogenforellen stammen ursprünglich aus Nordamerika und wurden Ende des 19. Jahrhunderts in Europa als Speisefische eingeführt. Sie laichen nur sehr selten und in sehr wenigen Bächen Europas. Annähernd 99 Prozent der in Deutschland gefangenen Regenbogenforellen stammen aus Zuchtanlagen oder sind als Besatz in die Gewässer gekommen. Sie stellen weniger hohe Ansprüche an die Wasserqualität ihrer Reviere, weshalb sie auch in vielen Seen und Baggerseen sowie in kommerziellen Angelteichen heimisch sind. Obwohl sie nur selten ablaichen, sind Regenbogenforellen gemeinsam mit den drei anderen Forellenarten von Ende Oktober bis Mitte März in Deutschland geschützt. Dies geschieht, weil viele Angler Mühe haben, die unterschiedlichen Forellenformen zu unterscheiden. Als relativ sicheres Unterscheidungsmerkmal tragen sie entlang der Seitenlinie einen rötlich-violetten Streifen (den sog. Regenbogen). Regenbogenforellen sind im Durchschnitt 25 bis 30 Zentimeter lang; kapitale Exemplare werden bis zu einem Meter lang und elf Kilogramm schwer. Diese Giganten kommen aber zumeist nur in kommerziellen Angelseen vor.

Wo? Regenbogenforellen findet man sowohl in typischen Forellenbächen, wo sie als Laichräuber der ursprünglich dort allein beheimateten Bachforellen sehr unwillkommen sind, als auch in Flüssen, Seen, Baggerseen sowie im Brackwasser der Ostsee.

Wann? Außer im Hochsommer, wenn die Wassertemperaturen sehr hoch sind, können Regenbogenforellen das ganze Jahr hindurch erfolgreich befischt werden. Sie beißen den ganzen Tag hindurch und lassen sich auch bei Dunkelheit fangen.

Womit? Auf Regenbogenforellen kann man mit vielen Angelmethoden fischen. Je nach Gewässer kann man sie mit der Fliegenrute (an Bächen und kleinen Flüssen), der Spinnrute (fast überall) sowie mit Naturködern (Seen, Angelteiche) befischen. Je nach Größe der ausgesetzten bzw. angesiedelten Fische, kann das Gerät recht unterschiedlich ausfallen. So genügt am Bach eine leichte Ausrüstung (0,15er monofile Hauptschnur), während an „Forellenseen“ mit kapitalem Besatz eine mittelschwere Hechtspinnausrüstung mit 0,30er monofiler Hauptschnur nötig sein kann. **Worauf?** Maden, Würmer, kleine Köderfische, eingelegte Lachseier sowie spezielle Teigmischungen (Forellenteig) sind sehr gute Naturköder. Als Spinnköder haben sich kleine Blinker, Spinner, Wobbler und Twister bewährt. Fliegenfischer fangen Regenbogenforellen mit Nymphen, Streamern, Trocken- und Nassfliegen.

1

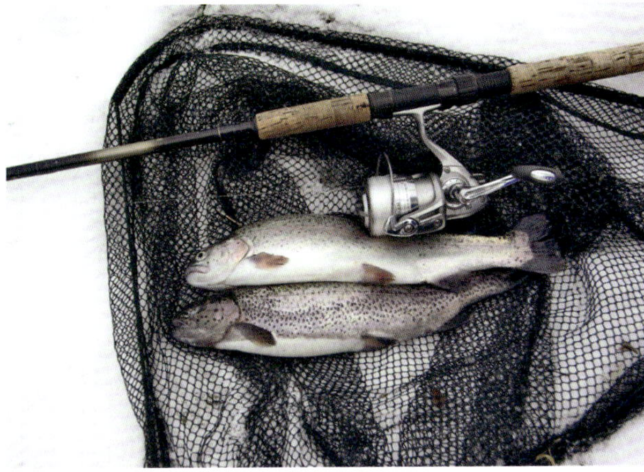

1. Regenbogenforellen beißen durchaus auch im Winter.

2. Regenbogenforellen wachsen in vielen kommerziellen Angelseen zu wahren Giganten heran.

2

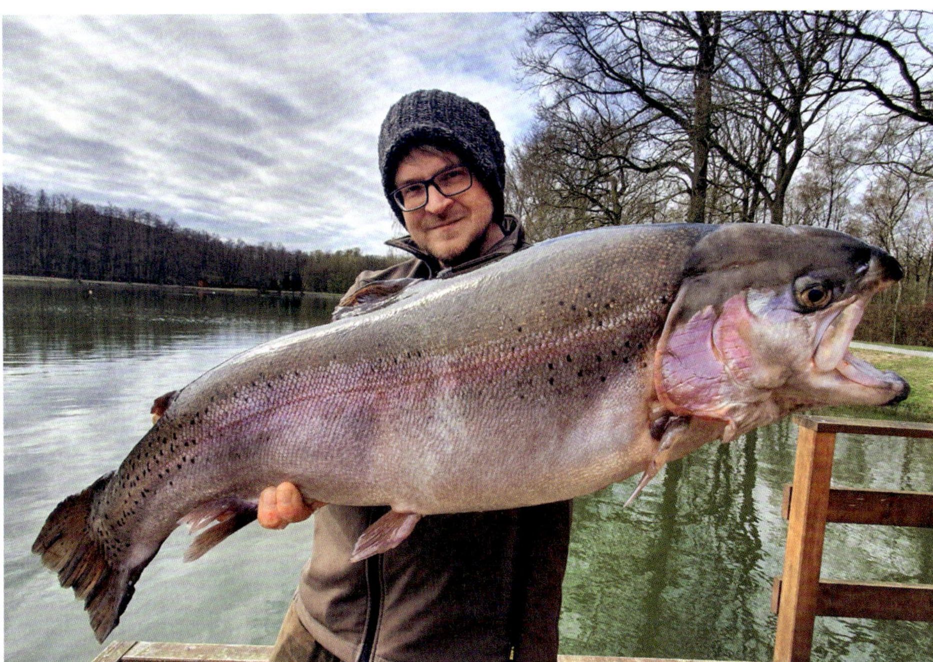

2

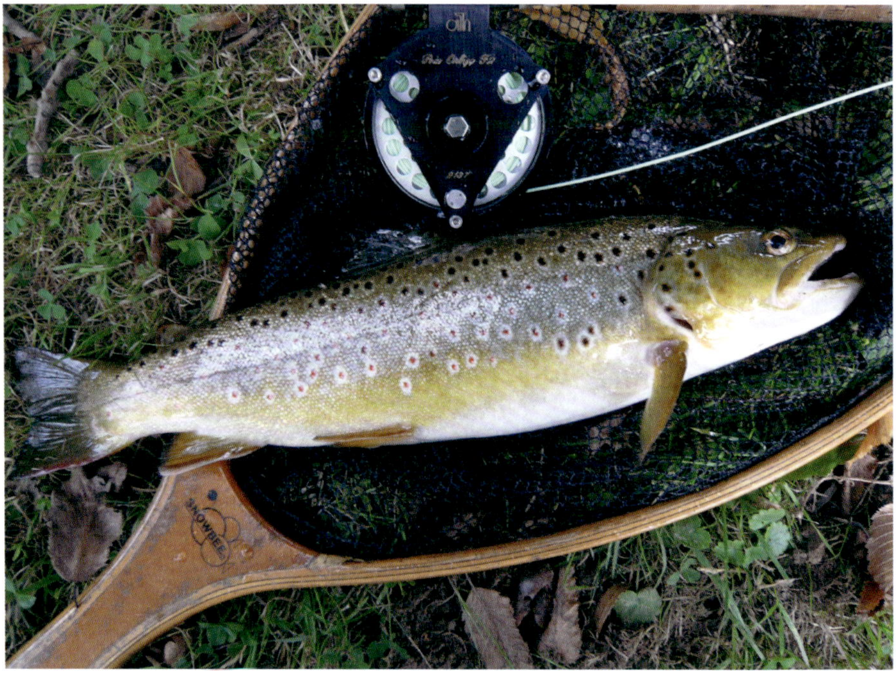

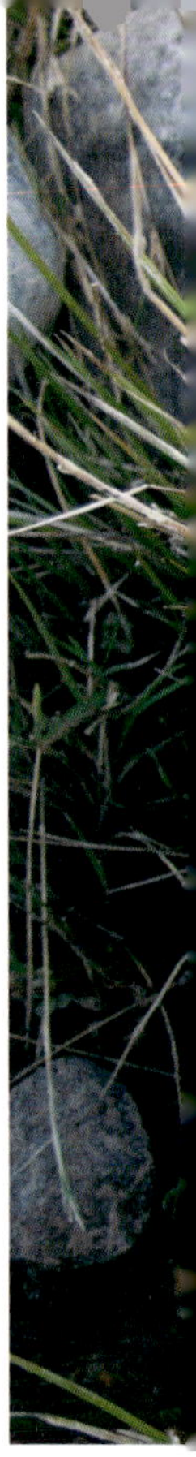

Bachforellen aus Gewässern auf dem Kontinent sind leicht anhand ihrer roten Tupfen zu identifizieren.

ZIELFISCH BACHFORELLE

Wer? Bachforellen sind seit Jahrtausenden in Europa heimisch und stellen die Stammform der Forellen auf dem Kontinent und den Britischen Inseln dar. Zwar lieben Bachforellen schnell fließendes Wasser (Bäche, Flüsse), doch kommen sie ebenso in kalten, klaren und sauerstoffreichen Seen vor. Von den anderen Forellenformen unterscheiden sie sich durch ihre roten Punkte entlang ihrer Flanken, die Bachforellen auch den Spitznamen Rotgetupfte eingebracht haben. In Bächen trifft man in der Regel kleinere Fische an, in Seen können sie aber zu stattlichen Größen anwachsen und durchaus über einen Meter lang werden und 20 Kilogramm auf die Waage bringen. Bachforellen laichen im Winter. Ihre lange Schonzeit erstreckt sich von Mitte Oktober bis Mitte März.

Wo? Bachforellen schätzen stets ein Dach über ihren Köpfen, sodass man sie unter überhängenden Ästen, im Schatten von Brüchen, unter Steinen und Uferunterspülungen findet. Ihre Liebe zum Ufer macht sie zu sehr scheuen Fischen, die durch auffälliges Herumlaufen

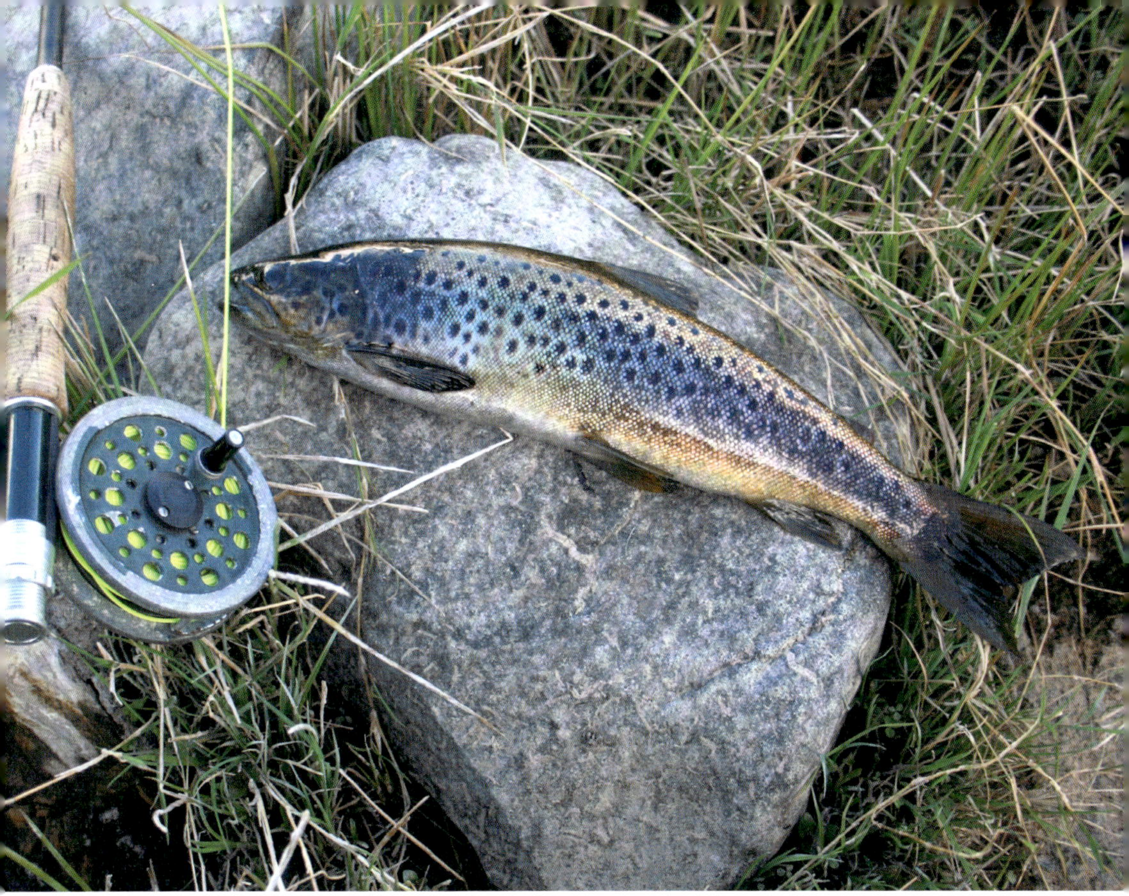

rasch gegrämt werden. Angler sollten Schattenwürfe vermeiden. In Seen sind sie schwer zu finden und werden fast nur von ortskundigen Anglern gefangen. Wo Bäche einfließen, können sie in den Morgen- und Abendstunden aber auch von Einsteigern gefangen werden.

Womit? An kleinen Fließgewässern werden Forellen (dies gilt für alle Arten) zumeist mit der Fliegenrute befischt. Manche Angler fangen sie dort auch mit Spinnködern. Naturköder wie Maden und Würmer sind an reinen Forellenbächen ungern gesehene Köder. Sie werden von den Beständern dort in der Regel verboten.

Worauf? Die meisten Angler stellen ihnen mit der Fliegenrute nach. Da Bachforellen selten schwerer als zwei Kilogramm sind, genügt eine leichte Fliegenrute der A.F.T.M.A. Klasse 5 bis 6, an der Nymphen, Streamer sowie Nass- und Trockenfliegen angeboten werden. Fischt man mit Spinnködern, so reichen Spinner der Größen 1 und 2 bzw. Blinker und Wobbler von etwa fünf Zentimetern Länge, die (Bachforellen sind Kannibalen) im Forellen-Design gehalten sein dürfen.

Auf den Britischen Inseln haben sich andere Formen ohne rote Färbung entwickelt. Dort heißen sie Brown Trouts, sind aber Bachforellen.

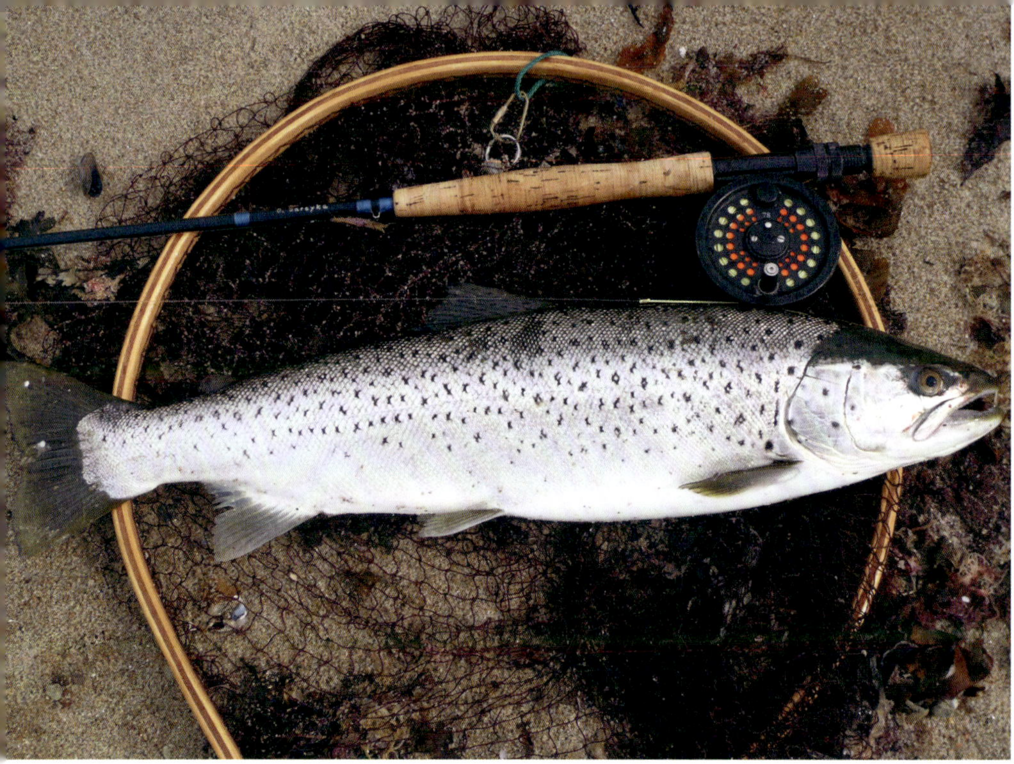

Meerforellen werden oft an den Stränden der Ostsee sowie in den Flüssen Norddeutschlands gefangen. Diese biss auf einen Streamer.

ZIELFISCH MEERFORELLE

Wer? Die in Europa vorkommenden Meerforellen sind Wanderformen der Bachforelle und in jugendlichem Stadium nur von Fachleuten von dieser zu unterscheiden. Im Meer lebende Meerforellen sind fast silbern und nur schwer von Lachsen zu unterscheiden. Ihre kompakte Körperform brachte ihnen den Spitznamen Silberbarren ein, der jedoch auch für Rapfen angewendet wird. Sie leben in Nord- und Ostsee und ziehen nur zum Laichgeschäft in Flüsse und Bäche. Im Durchschnitt sind die von den Spinn- und Fliegenfischern an den Stränden gefangenen Fische 40 bis 50 Zentimeter lang. Meerforellen können aber durchaus einen Meter lang und über zehn Kilogramm schwer werden. Wie alle Forellen sind sie Winterlaicher. Ihre Schonzeit im Meer erstreckt sich von Anfang Oktober bis Mitte März. Aus dem Süßwasser ist ihre Entnahme ganzjährig verboten.

Wo? An den Ufern von Nord- und Ostsee mögen Meerforellen Bereiche mit festem Grund und Seetangfelder. Sie sind nicht leicht zu finden und stellen Angler oft auf eine harte Geduldsprobe. Fliegenfischer nennen Meerforellen scherzhaft die Fische der eintausend Würfe.

Wann? Im Meer sind die Frühjahrsmonate und der Sommer die beste Zeit zum Angeln vom Ufer aus. Die Stunden vor und nach der

Abenddämmerung sind die beste Zeit, um den Silberbarren nachzustellen. Dabei darf ruhig bis tief in die Nacht gefischt werden, denn besonders im Sommer sind die Fische bei Dunkelheit oft besser zu fangen als am Tage.

Womit? Die Zahl der Angler, die Meerforellen mit der Fliegenrute beangeln, ist etwa genauso groß, wie die der Meerforellen-Spinnfischer. Zum Fliegenfischen reicht eine Ausrüstung der A.F.T.M.A. Klasse 7 bis 8 vollkommen aus. Wegen der oft starken Winde an Stränden muss die Rute eine schnelle Aktion aufweisen.

Worauf? Zum Spinnfischen kommen nur Blinker und Wobbler infrage. Wobbler sollten schlank sein und eine Länge von 10 bis 12 Zentimeter haben. Je nach Wassertiefe und Strömungsverhältnissen kommen sinkende oder schwimmende Modelle zum Einsatz. Mit schlanken Meerforellenblinkern in Gewichtsklassen zwischen 12 und 25 Gramm liegt man selten falsch. Fliegenfischer sollten Streamer, Garnelen- sowie Seeringelwurm-Imitationen in ihren Dosen haben.

ZIELFISCH AAL

Wer? Aale zählen zu den beliebtesten Zielfischen und kommen (außer in der Forellenregion) in beinahe allen Gewässern vor. Sie stellen Angler nicht vor unlösbare Aufgaben und gehören zu den Fischarten, die auch von Anfängern ohne Schwierigkeiten erbeutet werden können. Leider ist ihr Bestand seit gut zwei Jahrzehnten gefährdet, sodass in einigen Staaten der EU das Aalangeln bzw. die Entnahme von Aalen gesetzlich verboten ist. Jeder Angler muss das Aalangeln daher mit seinem persönlichen Gefühl für Waidgerechtigkeit ausmachen.

Von anderen Fischarten unterscheiden sich Aale durch ihren schlangenförmigen Körper, der von einer dicken Schleimschicht bedeckt ist. Rücken-, Schwanz- und Afterflosse bilden einen Flossensaum. Kleinere Aale sind gelblich bis bräunlich gefärbt, größere Fische sind schwarz mit weißem Bauch. Einige Aale haben sich auf Würmer, Schnecken und andere Kleintiere als Nahrung spezialisiert und im Laufe ihres Erwachsenwerdens ein spitzes Maul entwickelt (Spitzkopfaale), andere fressen Fische und haben ein „Raubfischmaul“ (Breitkopf- oder Raubaale). Es handelt sich bei bei-

Aale sind nicht schwer zu fangen.

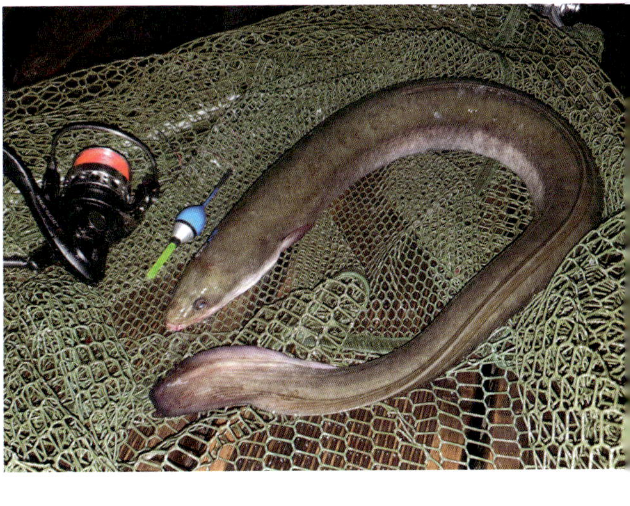

den Formen jedoch nicht um unterschiedliche Arten, sondern nur um Nahrungsspezialisten. Deshalb gibt es in einigen Gewässern mehr Breitkopf- als Spitzkopfaale bzw. umgekehrt.

Aale laichen nur einmal im Leben. Zu ihrer Laichwanderung ziehen sie vom Süß- ins Salzwasser, überqueren den Atlantik und paaren sich an ihrer Geburtsstätte im Golf von Mexiko, wo sie dann auch sterben. Waren es bis vor einigen Jahren hauptsächlich kleinere Aale von durchschnittlich 40 bis 50 Zentimeter Länge, die den Petrijüngern an die Haken gingen, so fängt man heute zwar weniger, dafür aber bedeutend größere Fische, deren Durchschnittsgröße in einigen geschlossenen Gewässern über 65 Zentimetern liegen kann. Kapitale Exemplare werden bis 120 Zentimeter lang und drei Kilogramm schwer.

Wo? Aale sind „Grundfische“ und werden somit bevorzugt mit der Bodenbleiangel befischt. Tagsüber

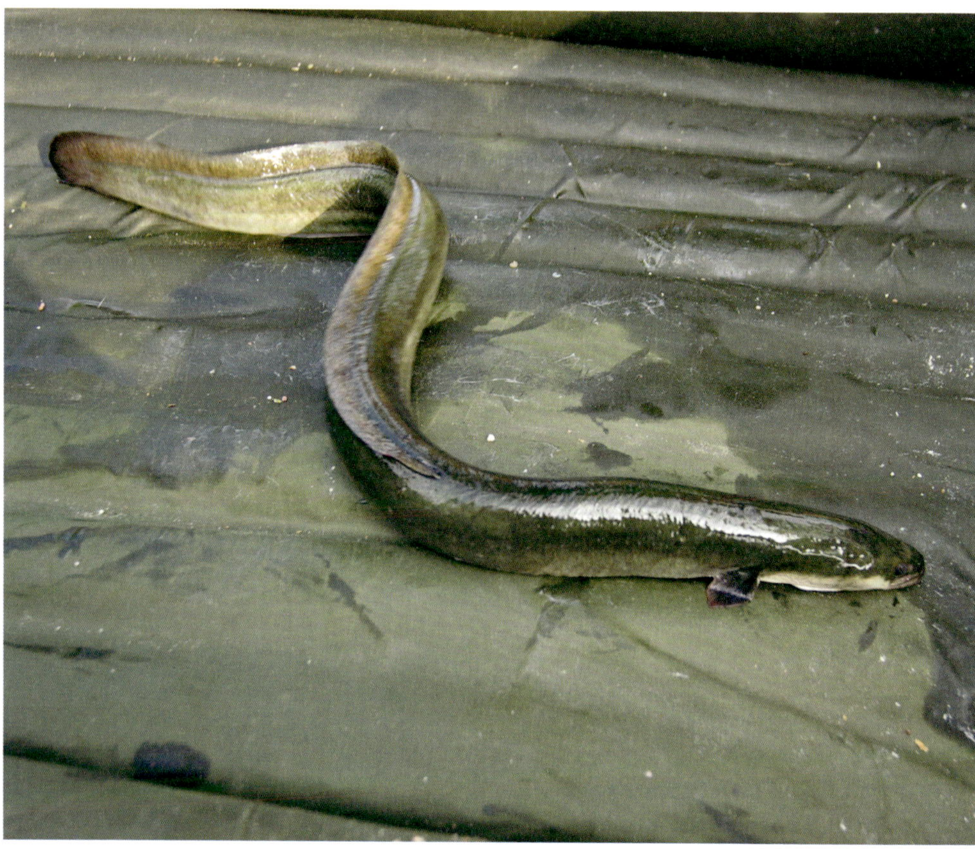

Ein schöner Schlengler auf der Abhakmatte

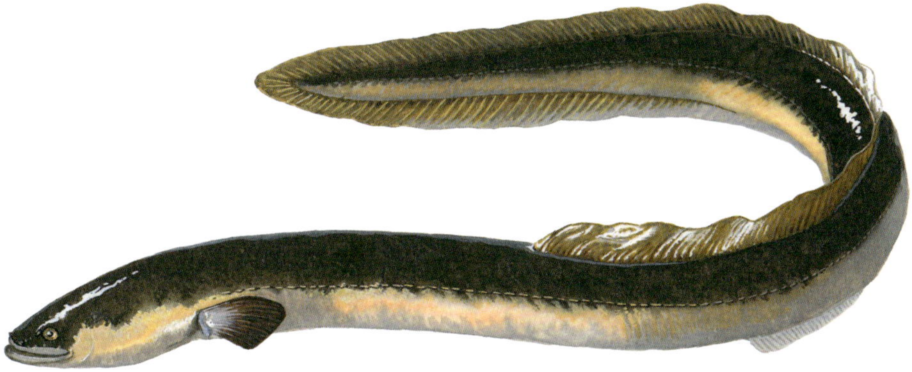

halten sie sich gern in Verstecken auf. In Seen können dies Seerosenfelder und Bootssteganlagen sein, in Flüssen und Kanälen die tiefen Fahrrinnen. Hier sollte man bei Anbruch der Dunkelheit seine Angel auslegen.

Wann? Die beste Zeit zum Aalfang sind die Monate von Mitte April bis Mitte Oktober, wobei die Hauptsaison in den meisten Gewässern ins späte Frühjahr fällt. Als nachtaktive Raubfische werden Aale bevorzugt bei Dunkelheit befischt. Dabei sind die ersten Stunden der Nacht die aussichtsreichsten. Auch in guten Aalangelnächten lassen die Bisse in den Stunden zwischen ein und vier Uhr morgens meist nach, sodass erst in der Morgendämmerung wieder mit verstärkten Aktivitäten gerechnet werden darf. Aale beißen aber auch tagsüber. Gute Tage zum Aalangeln sind schwülwarme Sommertage mit bedecktem Himmel und leichten Regenfällen (Nieselregen). In Fließgewässern sind Phasen mit höheren Pegelständen (kein Hochwasser) besser als hochsommerliches Niedrigwasser.

Womit? Da Aale nicht besonders scheu sind und trotz ihres geringen Körpergewichts über ein gehöriges Maß an Kraft und Wehrhaftigkeit verfügen, muss das Gerät außergewöhnlich stark ausfallen. Kräftige Grundruten und 0,35er bis 0,40er monofile Schnüre geben einem die Gewissheit, auch kapitale Aale sicher landen zu können. Wird mit Würmern gefischt, so empfiehlt es sich, auf spezielle Wurmhaken (mit Widerhaken auf dem Schenkel) zurückzugreifen. Verwendet man Köderfische, so sind „Zanderhaken“ eine gute Wahl. Am besten verwenden Einsteiger fertig gebundene Vorfachhaken, die es als Zielfischhaken im Fachhandel gibt. Zur unabdingbaren Ausrüstung des Aalanglers gehört eine Kopfleuchte sowie ein raues Handtuch, um die schleimigen Fische nach der Landung sicher in einen Eimer zu verfrachten. Im Gegensatz zu anderen

Fischarten, müssen Aale nach dem Anschlag zügig aus dem Wasser geholt werden, da sie sich sonst mitsamt der Schnur um Hindernisse wickeln und nicht mehr zu landen sind.

Worauf: Hauptköder zum Fang von Aalen sind seit eh und je Würmer und kleine Köderfische. Zwar benutzen die meisten Angler Tauwürmer, die sie oft mit der Ködernadel aufziehen, damit sie nicht abgefressen werden können, doch haben sich (vor allem in Flüssen) auch Bündel von Rotwürmern als gute Aalköder erwiesen. Wird mit Köderfischen geangelt, so sollte man kleine und schlanke Fischchen wählen (Rotaugen, Lauben, Gründlinge). Aal-Köderfische, die mit der Ködernadel so aufgezogen werden sollten, dass der Haken in den Kiemen oder der Maulspalte des Fischchens liegt, sind im Idealfall sieben bis zehn Zentimeter lang.

ZIELFISCH QUAPPE

Wer? Quappen galten bis vor ein paar Jahren als Schädlinge in Salmonidengewässern und spielten als Sportfische keine Rolle. Dies hat sich durch die Verbesserung der Wasserqualität vieler Flüsse, Bäche und Seen zwischenzeitlich gründlich geändert. Heute zählen die dorschartigen Fische im alpinen Raum, in Ostdeutschland sowie in Skandinavien zu den beliebtesten Sport- und auch Speisefischen. Eigentlich sind sie mit keiner anderen Fischart zu verwechseln, denn an der Unterseite ihres großen Kopfes mit seinem tief gespaltenen Maul befindet sich eine einzelne Bartel.

Ihr Körper ist schlangenförmig, von kleinen Schuppen bedeckt und je nach Gewässer hell- bis dunkelbraun marmoriert. Im Durchschnitt sind Quappen 30 bis 50 Zentimeter lang, kapitale Exemplare werden bis

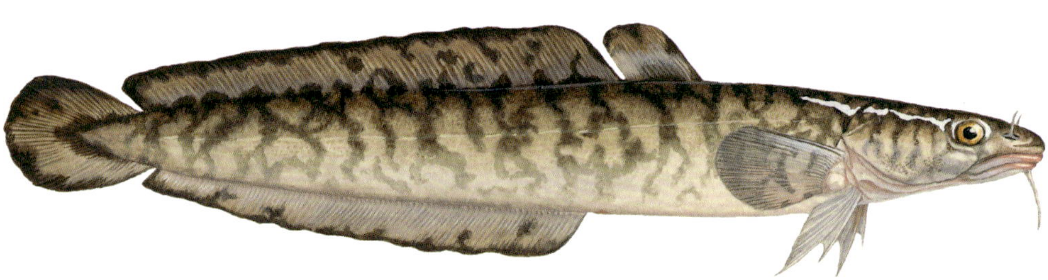

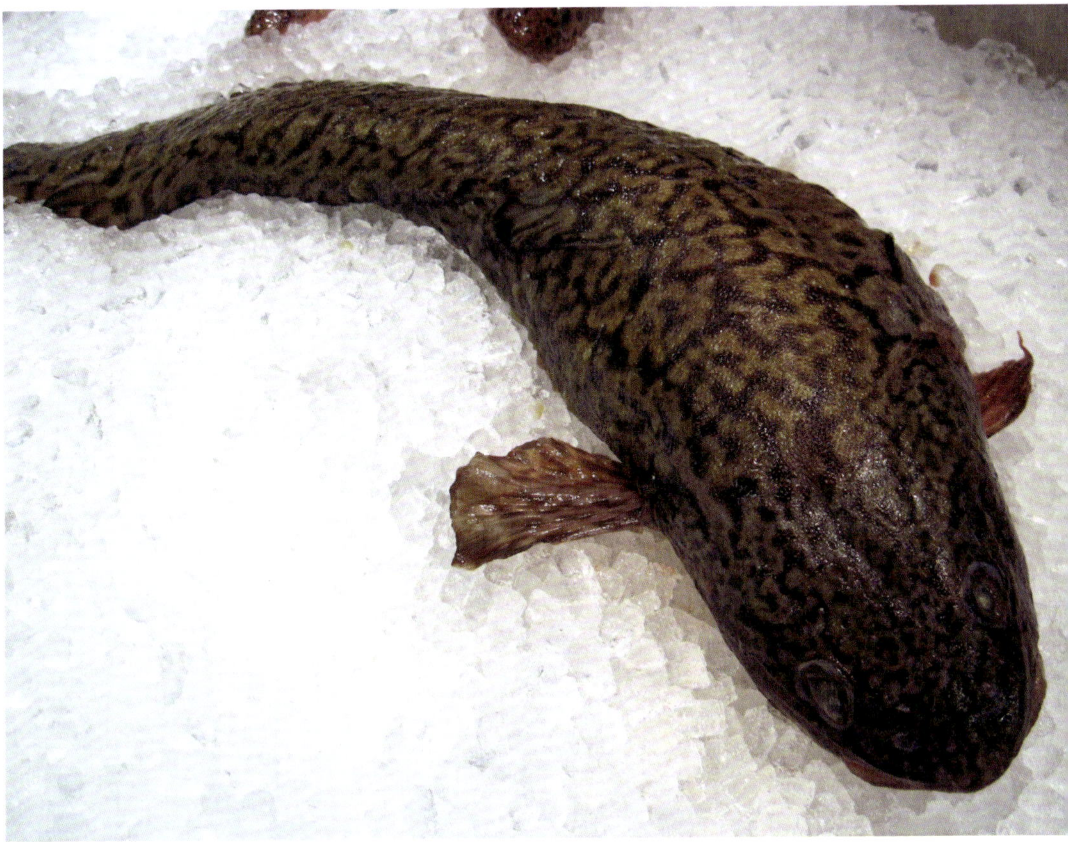

zu einem Meter lang und fünf Kilogramm schwer. Ihre Laichzeit fällt in die Monate November bis März.

Wo? Quappen mögen kaltes Wasser. Sie bevorzugen höher gelegene Bäche und Flüsse sowie tiefe Seen der Gebirge. Gute Fangplätze finden Angler in Bächen und Flüssen dort, wo Quappen sich unterstellen können (Unterspülungen, Felsen, ins Wasser gestürzte Bäume). In Seen fängt man sie gut in der Nähe von Bacheinläufen.

Wann? Als nachtaktive und Kälte liebende Fische sind sie Zielfische der winterlichen Nachtangler. Beste Angelzeiten sind Winternächte.

Womit? Gefischt wird mit einfachen Grundmontagen an stabilem Gerät (0,35er Hauptschnur, Grundblei, Wirbel, Vorfach mit 1er bis 2er Einzelhaken).

Worauf? Tauwürmer, Fischstücke (Fetzen), Lachseier aus dem Glas sowie die Eingeweide von Fischen sind hervorragende Köder für Quappen.

Quappen sind Zielfische beim (winterlichen) Nachtangeln.

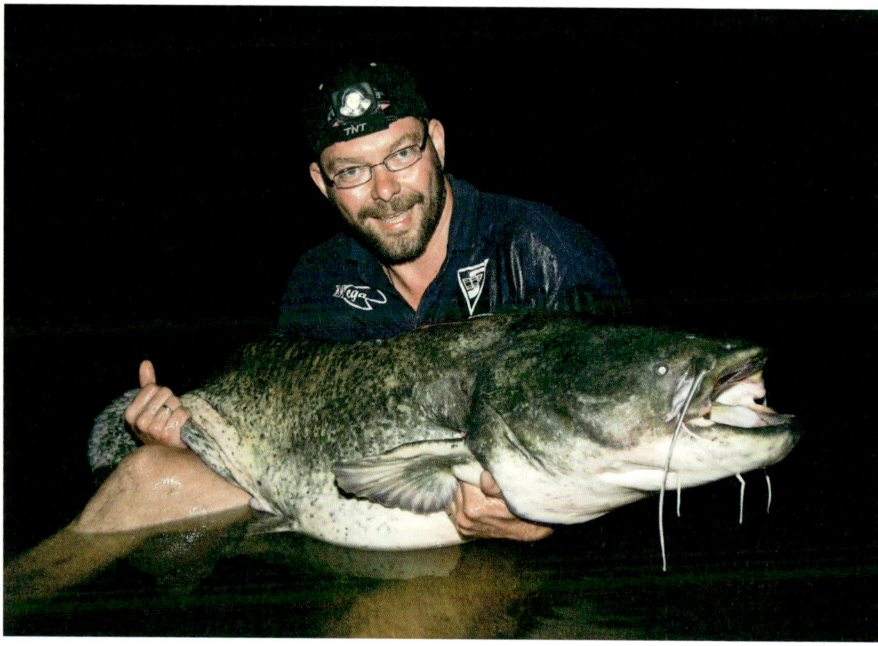

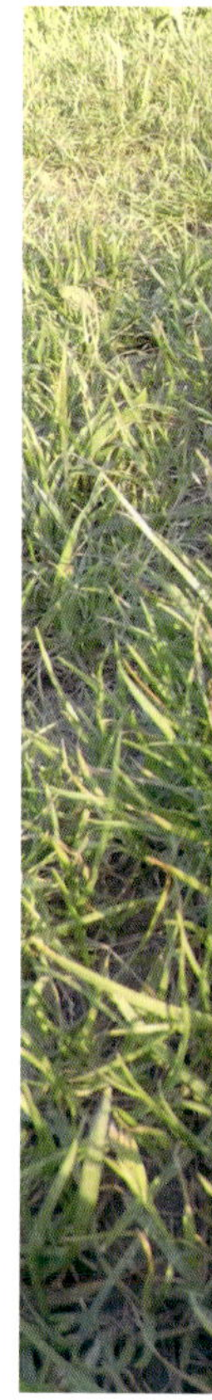

Waller beißen gern nachts.

ZIELFISCH WELS (WALLER)

Wer? Waller sind die mit Abstand größten Fische in den mitteleuropäischen Seen und Flüssen. Sie können über drei Meter lang werden und bis zu 150 Kilogramm auf die Waage bringen. Die von Sportfischern gefangenen Exemplare sind jedoch meist bedeutend kleiner, sodass Einsteiger, die einen Fisch von 1,2 Metern (bei dann etwa 30 Kilogramm) gefangen haben, recht stolz auf sich sein dürfen. Von anderen Fischen unterscheiden sich Waller in erster Linie durch ihre zwei sehr langen Barteln am Oberkiefer sowie durch vier kürzere am Unterkiefer. Waller haben einen langen und schlanken Körperbau, ihr Rücken ist schwarz, die Seiten marmoriert. Auffällig ist ihre sehr kleine Rückenflosse. Sie sind mit äußerst feinen Sinnesorganen ausgestattet, von denen die sechs Barteln die auffälligsten sind. Die vollständig ausgebildete Seitenlinie ist mit empfindlichen Sensoren ausgestattet, die es ihnen er-

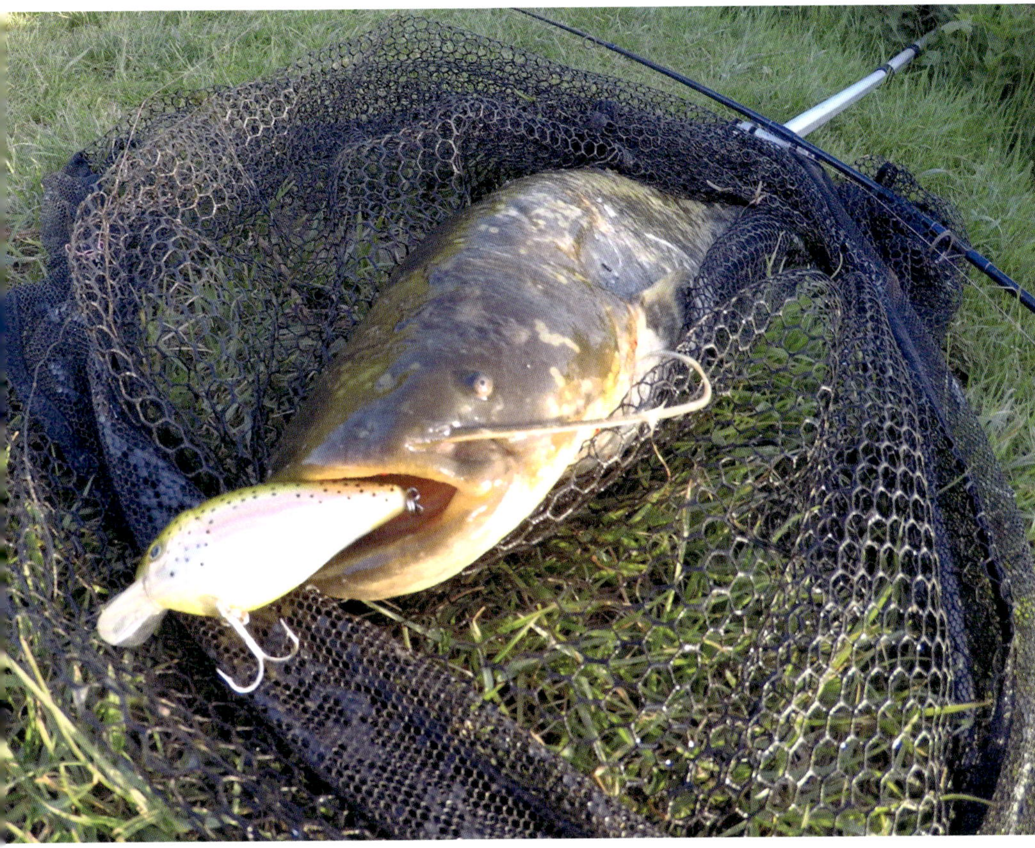

lauben, leichteste Erschütterungen wahrzunehmen. Aufgrund dieser Empfindsamkeit haben sie einen scheuen und mimosenhaften Charakter, der am Ufer lärmende und trampelnde Angler nicht mit Bissen belohnt.

Wo? Waller leben in fast allen größeren Flüssen und Seen des Tieflandes. Waren sie früher als sog. Donauwaller fast ausschließlich im Einzugsgebiet dieses Flusses heimisch, so findet man sie heute sogar in der Elbe. Ursachen für die seit rund vier Jahrzehnten konstatierbare Verbreitung ihres Lebensraumes sind im Klimawandel, den verstärkten Besatzmaßnahmen sowie im Ausbau von Kanälen und Schifffahrtswegen zu suchen. Der Vernetzung der Schifffahrtswege seit den frühen 1980er Jahren dürfte dabei der größte Anteil zufallen, denn die Kanäle dienen den urigen Fischen seitdem als Wanderstrecken, die man als Wallerautobahnen bezeichnen könnte.
Waller bevorzugen tagsüber tiefe

Kleinere Waller beißen öfter beim Spinnfischen auf Hecht. Größere stellen Einsteiger vor Probleme.

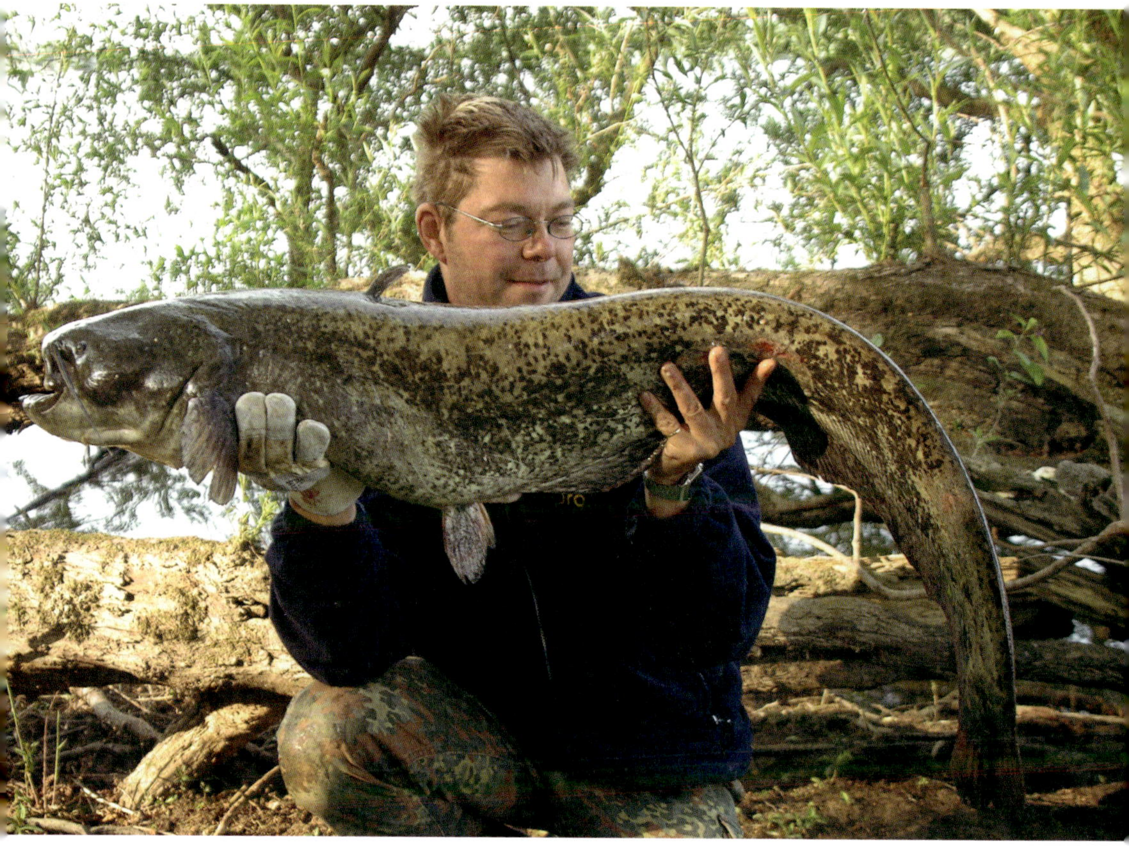

Ein Flusswaller aus Frankreich

Stellen mit viel Dunkelheit. Nachts kommen sie zum Fressen in flachere Regionen (Seerosenfelder, Schilfgürtel, Sandbänke) und oft auch ins Oberflächenwasser. In Kanälen sind Schleusenanlagen gute Wallerangelplätze, in großen Flüssen Buhnenfelder, Mündungen von Nebenflüssen, Hafenbecken sowie Bereiche in der Nähe von Brücken.

Wann? Die meisten Waller werden bei Dunkelheit gefangen. Anders als bei anderen nachtaktiven Fischen dauert ihre Beißzeit die ganze Nacht hindurch. Bewölkte und regnerische Nächte sind dabei besonders aussichtsreich. Nieselregen und/oder die Stunden vor und nach einem Gewitter sind (auch tagsüber) ideal. Als Sommerfische halten sie Winterruhe. Die beste Angelzeit fällt somit in die Monate von April bis Juni und von September bis Oktober. Galt früher der Hochsommer als die beste Wallerzeit, so gilt dies nur für stehende Gewässer. In Flüssen ist der Hochsommer häufig (bedingt durch die dann niedrigen Wasserstände) schlechter als der Früh- und Spätsommer.

Womit? Waller werden sowohl beim Ansitz- wie auch beim Spinnfischen gefangen. Einsteiger sollten ihre ersten Versuche jedoch als Ansitzangler starten, da das gezielte Spinnfischen alles andere als ein leichtes Unterfangen ist. Dies gilt in doppelter Wortbedeutung, denn angesichts der Größe und Wehrhaftigkeit der Fische muss mit schwerem Gerät (große Rolle, spezielle Wallerspinnrute) gefischt werden, was die Führung von Kunstködern (Blinker, Wobbler, Gummifische) nicht gerade zu einer Übung für Einsteiger macht.

Worauf? Hauptköder zum Fang von Wallern sind seit eh und je Köderfische und Würmer. Wer sich auf diese beiden Klassiker verlässt, macht nichts falsch. Zwar wimmelt es im Internet und in den diversen Foren von Köderempfehlungen, die von Tintenfischen über Blutegel bis zu lebenden Maulwurfsgrillen reichen, doch sind diese Exoten (wenn überhaupt) nur etwas für echte Profis, die dann auch genau wissen, welche Tintenfische sie aus den vielen in den Tiefkühltruhen der Supermärkte angebotenen Calamaresarten zu wählen haben. Fischen Einsteiger mit Köderfischen, so ist es stets gut, solche Arten zu wählen, die auch im Gewässer vorkommen. Nur in „Notfällen" sollte man auf die in den Angelgeräteläden angebotenen Karauschen und Gründlinge zurückgreifen, denn diese sind fürs gezielte Wallerangeln erstens zu klein und zweitens in den meisten Gewässern unbekannt; stehen also nicht auf der „Speisekarte" der Waller. Gute Köderfische sind Rotaugen, Rotfedern, Brassen oder Barsche von 15 bis 25 Zentimetern Länge. Angelt man mit Würmern, so sollten Tauwürmer als Bündel (drei bis fünf Exemplare auf einem entsprechenden Einzelhaken) angeboten werden.

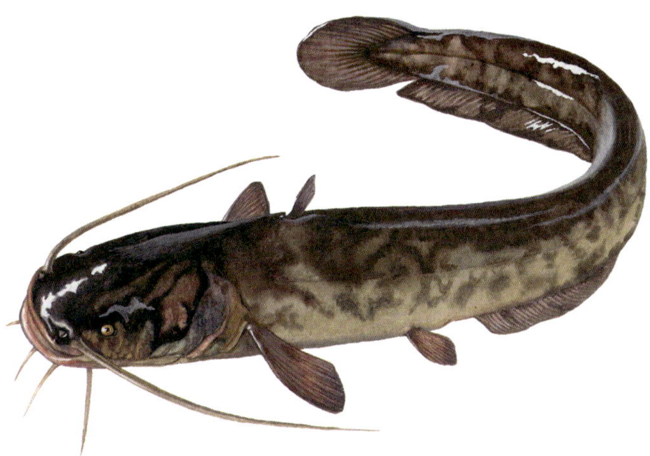

WO ANGELN?

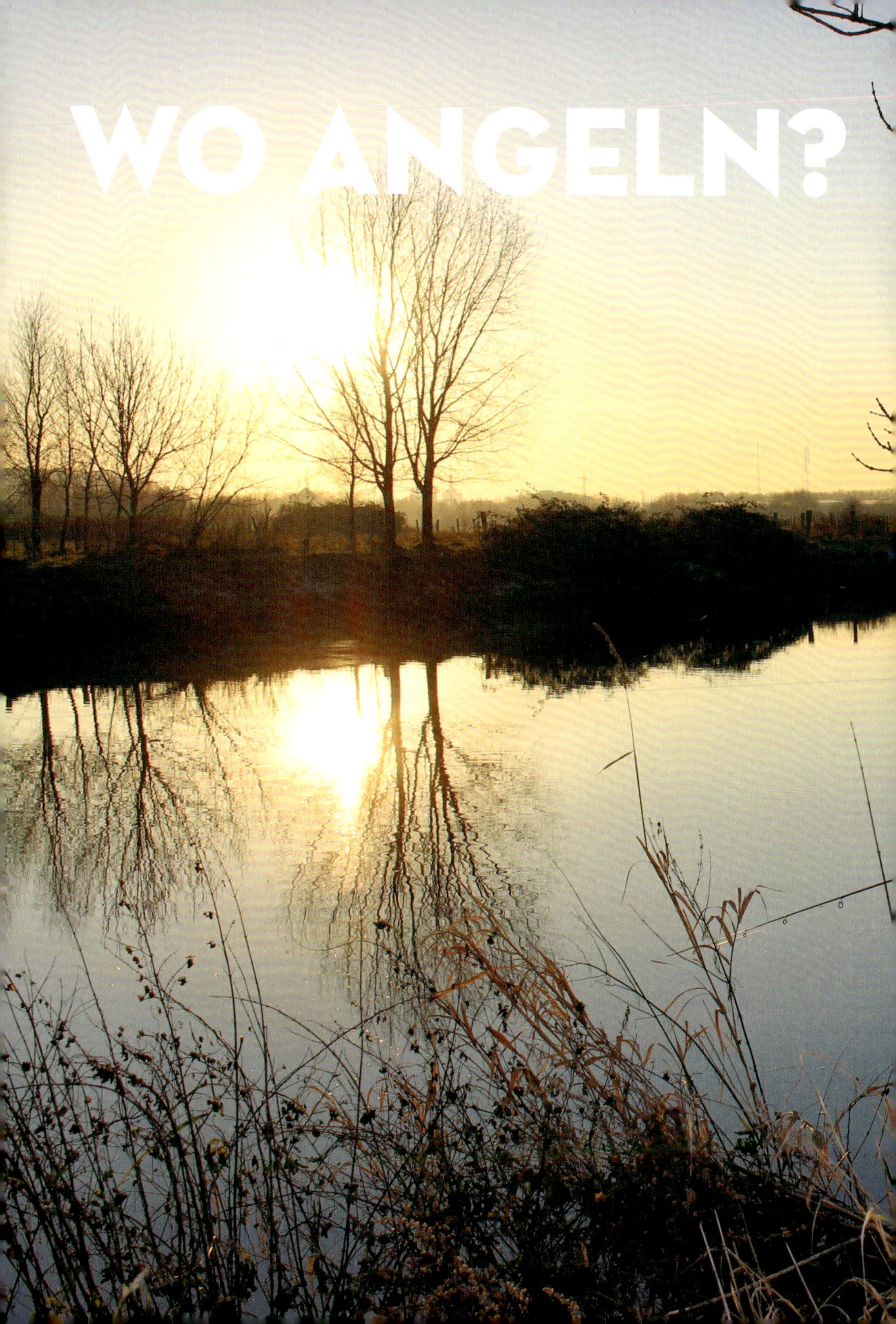

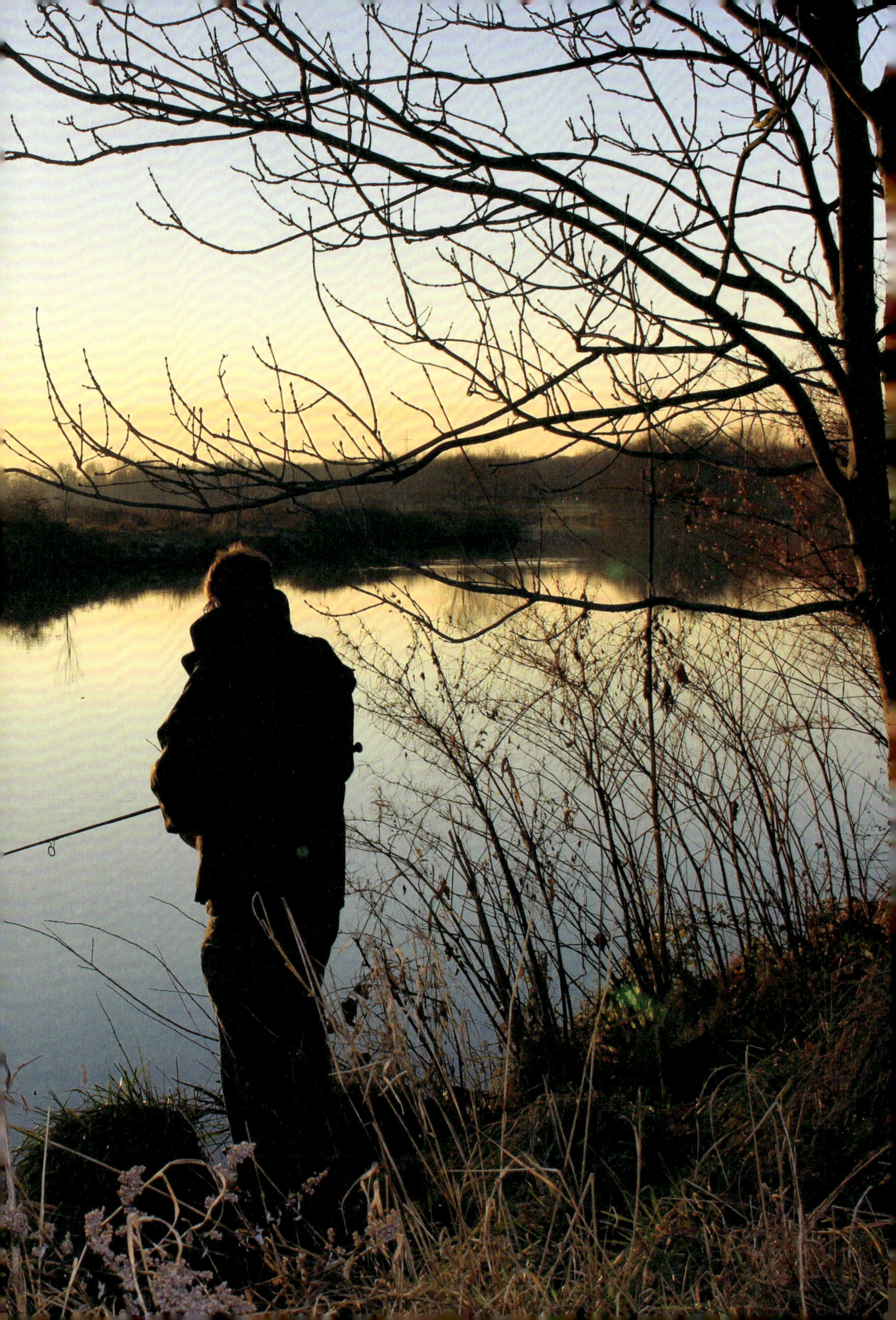

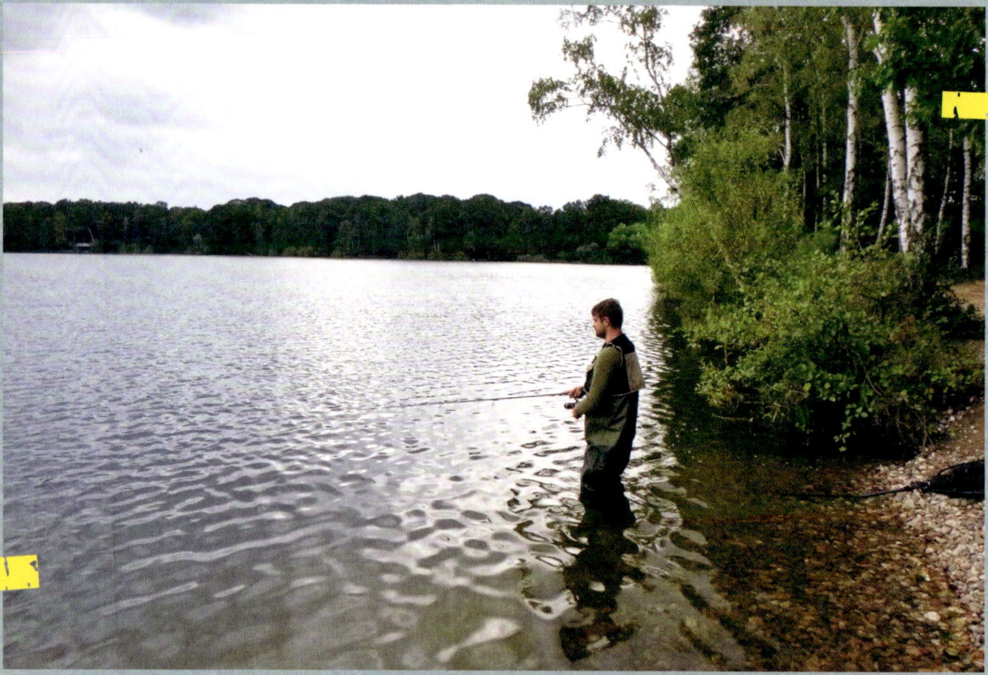

1. Seen sind sehr schöne Reviere. Für Einsteiger heißt es dort aber oft, die Fische suchen zu müssen.

2. Seerosenfelder sind Anziehungspunkte für Karpfen. Allerdings ist das Angeln dort nicht leicht.

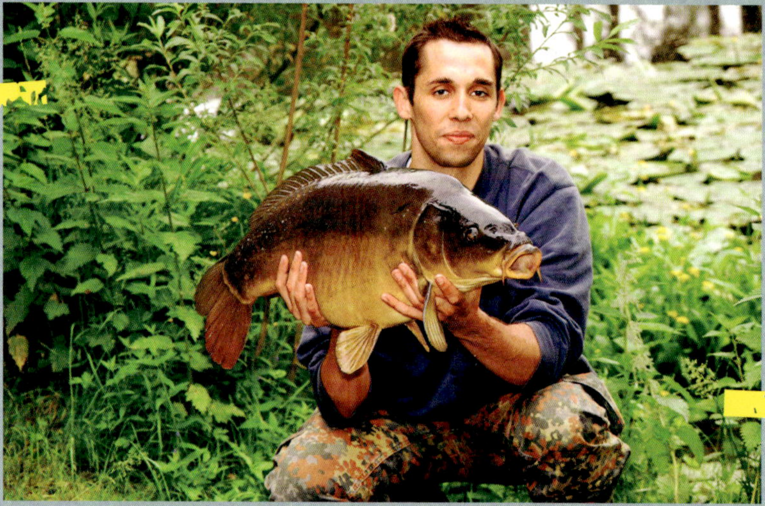

Auf die Zeichen achten

Es ist nicht einfach, an der richtigen Stelle zu angeln, aber es gibt schon eindeutige Zeichen, ob man richtig ist. Die wichtigsten dieser Zeichen stelle ich Ihnen nun vor.

AN SEEN, BAGERSEEN UND TEICHEN

Die großen Wasserflächen stehender Gewässer machen das Finden von Angelstellen bzw. Fischen mitunter sehr schwierig. Im Frühjahr und Sommer sind Wasserpflanzen (Seerosenfelder, Schilfufer und Krautfelder) offensichtliche Bereiche, in deren Nähe man stets mit Fried- und Raubfischen rechnen darf. Daneben gibt es noch einige andere Gewässerabschnitte, an denen mehr Fische zu finden sind als anderswo. Hier lohnt es sich (fast) immer:

SEEROSENFELDER

Seerosen bieten Fischen ein schützendes Dach und reichlich Nahrung. Für Friedfische ist hier der Tisch verschwenderisch mit Schnecken, Würmern, Larven und anderen Kleinlebewesen gedeckt; Raubfische leben dort inmitten ihrer Beutefische. Leider sind Seerosenfelder nicht direkt zu befischen, denn größere Fische würden in Windeseile die Schnur um die Stiele der Pflanzen wickeln und wären für den Angler verloren. Am besten befischt man daher die Ränder, was für Bootsangler freilich bedeutend leichter ist als für Uferangler. Im Spätherbst, wenn die Triebe der Pflanzen absterben, sind über den ehemaligen Feldern angebotene Spinnköder oder Köderfische stets einen Versuch wert, denn dann stellen sich Hechte und Barsche über den verkümmerten Pflanzen ein und lauern dort auf Beute. Da See- und Teichrosen nur in den flachen Bereichen der Seen gedeihen, macht ein Befischen solcher Plätze, an denen von Frühjahr bis Herbst die Wasservegetation üppig wuchert, mit Beginn der ersten Nachtfröste allerdings kaum mehr Sinn.

SCHILFUFER

Ähnlich wie See- und Teichrosen, gedeiht auch Schilf nur in den flachen Zonen der Seen. Schilf findet man daher an den Rändern von Stillgewässern und an den Ufern ihrer Inseln. Gefischt wird hauptsächlich an den Schilfrändern, da sich hier Raub- und Friedfische aufhalten. Den Friedfischen dienen Kleinstlebewesen, die sich an den Schilfstängeln angesiedelt haben, als Nahrung. Daneben ist das Schilf auch Kinderstube der Friedfische, was diese Gewässerbereiche wiederum für Raubfische anziehend macht. Tagsüber werden meist Rotaugen und Karpfen

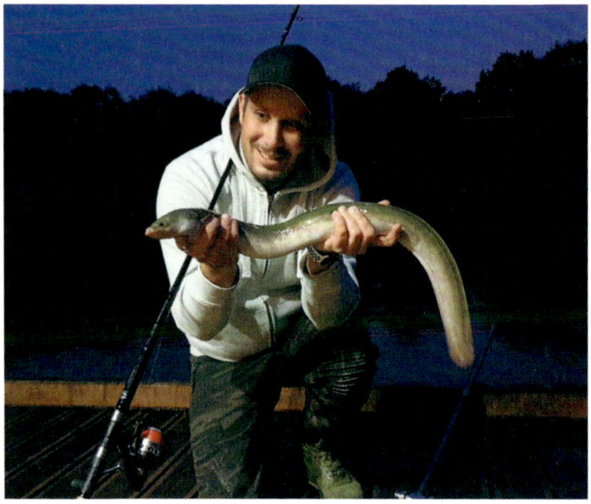

1

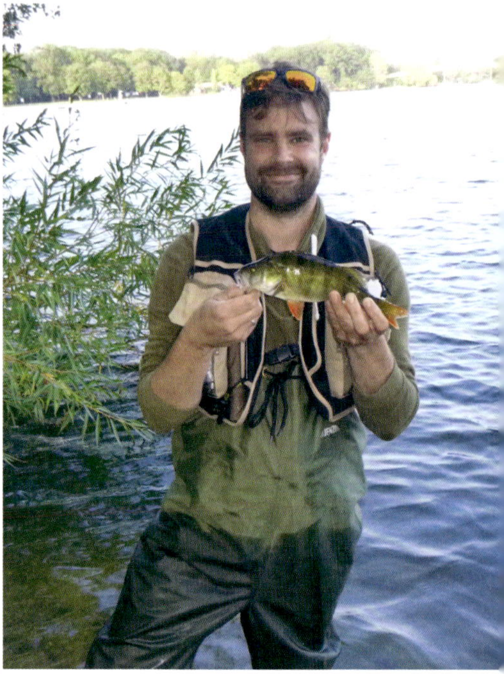

2

1. Schilfufer sind nach Einbruch der Dunkelheit Top-Reviere zum Fang von Aalen.

2. An Bacheinmündungen finden sich tagsüber oft Barsche ein.

in diesen Bereichen gefangen. Erst mit Einbruch der Dunkelheit werden Schilfufer bzw. Schilfinseln für Raubfischangler interessant, denn dann finden sich dort auch Zander, Aale und Welse ein, die sich tagsüber in den tieferen Zonen der Seen aufhalten. Überall dort, wo man am Tage große Mengen Jungfische im Flachwasser ausmacht, lohnt sich ein abendlicher Raubfischansitz bzw. ein Besuch mit der Spinnrute.

BACHMÜNDUNGEN

Einläufe von Fließgewässern in Seen sind das ganze Jahr hindurch sehr gute Angelplätze. Im Sommer tragen die Bäche kühles und sauerstoffreiches Wasser sowie zusätzliches Futter in die Seen und sorgen so dafür, dass die Fische stets aktiv und in Fresslaune sind. Im Winter sorgt das fließende Wasser ebenfalls für angenehme Temperaturen, sodass an Einläufen auch dann noch mit beißfreudigen Fischen zu rechnen ist, wenn den übrigen Seebewohnern der Appetit vergangen ist.

Überall dort, wo Futter für Weißfische von außen in den See eingetragen wird, stellen sich auch Raubfische ein. Ein intensives Absuchen solcher Stellen bringt beim Spinnfischen oft Räuber an den Haken.

SANDBÄNKE

Flache Sandbänke sind in den Frühjahrs- und Sommermonaten Anlaufstellen für Raubfische. Mit Anbruch der Abenddämmerung finden sich dort Zander, Barsche und Hechte ein und machen Jagd auf Kleinfische. Der saubere Grund an solchen Stellen macht sie wie geschaffen für die Befischung mit Spinnködern. Wo Sandbänke sich bis ans Ufer ziehen und einen Strand bilden, kann es sich für Uferangler lohnen, in eine Wathose zu steigen und die Schnittstellen zu beangeln, an denen die Bänke in tiefere Wasserbereiche übergehen. In diesen Bereichen lohnt sich der Einsatz von Spinnern, Blinkern und Wobblern. Aber nicht nur für Spinnfischer sind Sandbänke interessante Reviere, denn in der Dunkelheit werden sie auch von Friedfischen und Aalen aufgesucht.

VÖGEL ALS WEGWEISER

Sieht man am Ufer fischende Reiher oder über großen Wasserflächen kreisende Möwenschwärme, so ist dies oft ein Indiz für die Anwesenheit von Kleinfischen und somit auch von Raubfischen. In solchen „Gewässerecken“ lohnt es sich für Spinnfischer, ein paar Würfe mehr zu machen.

Mist- und Tauwürmer sind dann hervorragende Allroundköder zum nächtlichen Fischen mit der Grundrute.

BÄCHE UND KLEINERE FLÜSSE

Die Angelmöglichkeiten in kleinen Fließgewässern werden häufig unterschätzt. Dies liegt vor allem daran, dass man beim direkten Blick in diese häufig glasklaren Gewässer nur handlange Bachforellen pfeilschnell davonhuschen sieht und

1. Sandbänke sind sehr gute Reviere für das abendliche und nächtliche Spinnfischen auf Hechte und andere Räuber.
2. Bäche werden häufig unterschätzt.

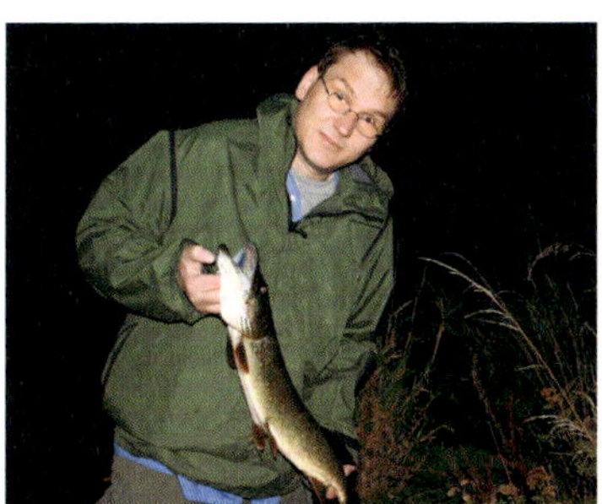

1

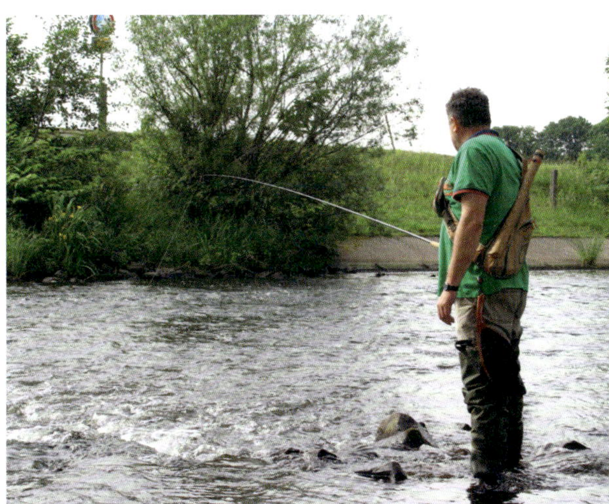

2

STRÖMUNG

Scheuen Sie sich nicht, in Bächen und Flüssen direkt in der Hauptströmung mit Spinnködern oder Würmern zu fischen, denn hier stecken oft Regenbogenforellen.

daraus den Schluss zieht, diese Winzlinge seien die einzigen Bewohner. Bäche und kleine Flüsse haben oft wesentlich mehr zu bieten als viele Petrijünger ahnen. Das wichtigste Gebot an solchen Strecken lautet allerdings Ruhe und vor allem keine Schatten aufs Wasser zu werfen.

WEHRE

Wehre gehören zu den besten Angelstellen in Bächen sowie kleineren und mittleren Flüssen, soweit diese weitestgehend naturbelassen (nicht begradigt) sind. Hier ist das Wasser aufgestaut, sodass sich das ganze Jahr hindurch moderate Temperaturen halten und stets genügend Sauerstoff und Futter zur Verfügung steht. Unterhalb von Wehranlagen findet man in den Sommermonaten sehr gute Bedingungen zum Fang von Bachforellen, Döbeln und Barben. In etwas größeren Bächen sowie Flüssen sind dort auch regelmäßig Rapfen anzutreffen.

GUMPEN/KOLKE

Als Gumpen (auch Kolke genannt) bezeichnet man tiefe Löcher im Bach- bzw. Flussbett. Zwar sind diese Stellen nicht immer leicht zu finden, doch sind im Bachbett liegende Felsen, ins Wasser gestürzte Bäume und die Schatten von Brückenpfeilern stets Anhaltspunkte für Gumpen, weil die Strömung dort „Grabarbeit" leistet.

1. Wehre sind Anlaufstellen für Barben. Dieses Prachtexemplar wurde beim Fliegenfischen gefangen.
2. Gumpen und Bachkurven sind Einstellplätze für Bachforellen.

1

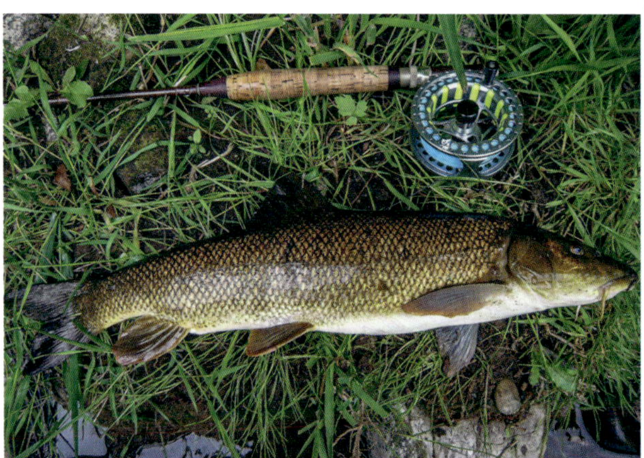

2

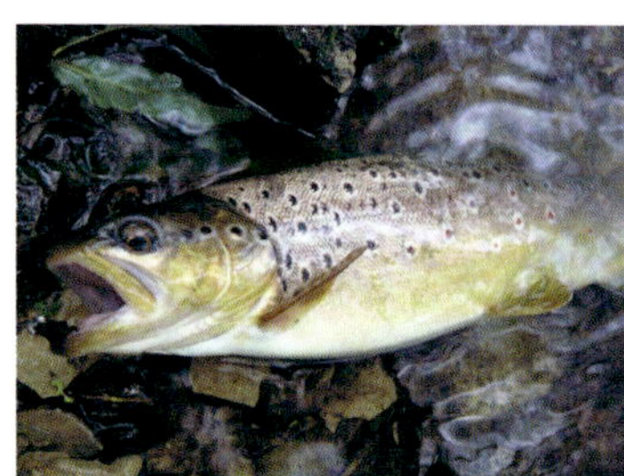

KURVEN

Überall, wo sich Bäche schlängeln, drückt die Strömung in die Außenkurve und spült dort mit der Zeit direkt den Uferbereich aus und bildet Gumpen. In diesen Ausspülungen nehmen Döbel und Forellen bevorzugt ihre Einstände. Am besten beangelt man diese Kurven in unmittelbarer Ufernähe.

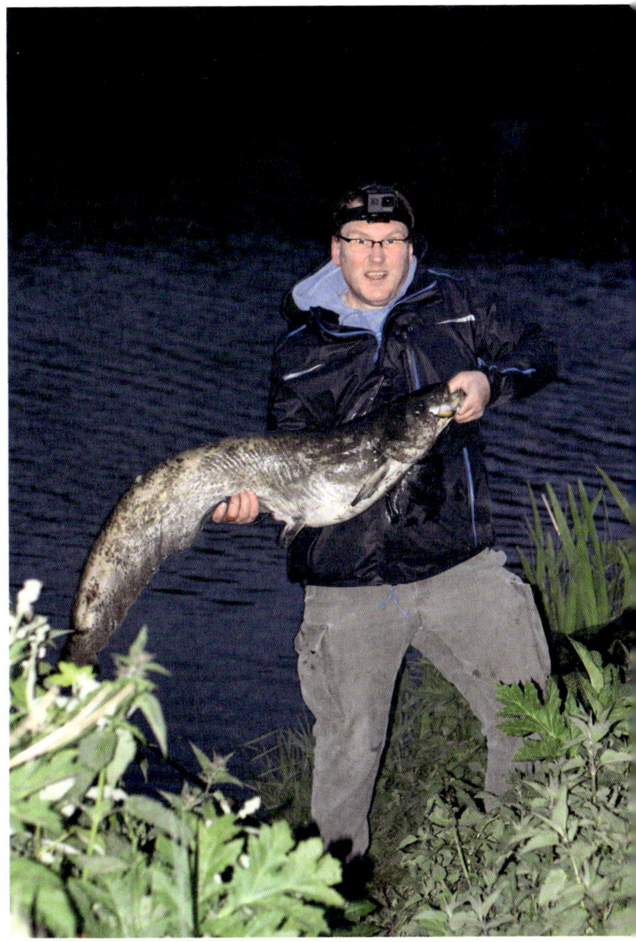

AN GRÖSSEREN FLÜSSEN UND STRÖMEN

An den Ufern großer Flüsse gute Angelstellen zu finden, ist auch aufgrund der Begradigung eine für Einsteiger sehr schwierige Übung. Am besten ist man beraten, wenn man seine ersten Schritte als Flussfischer an einem Buhnenfeld macht. Aber auch Nebenflussmündungen, Einfahrten von Häfen sowie die (wenn auch nicht gerade romantischen) Becken von Industriehäfen sind gute Reviere.

BUHNENFELDER

Buhnen sind Bauwerke, die vom Flussufer aus quer zur Fließrichtung ins Wasser ragen und auf denen man in Richtung Flussmitte laufen kann. Sie werden zur Schiffbarmachung der Flüsse errichtet und leiten das Wasser zur Strommitte, wodurch der Wasserpegel ansteigt und die Strömungsgeschwindigkeit zunimmt. In einem Buhnenfeld fließt das Wasser deutlich langsamer als in der Strommitte, was dazu führt, dass sich dort Sand- und Kiesbänke bilden, die hervorragende Einstände für fast alle Fischarten bieten. Tagsüber lohnt es sich, in Buhnenfeldern auf Weißfische zu angeln, nachts werden sie von Raubfischen (meist Zandern und Wallern) aufgesucht. Am besten befischt man die ersten und letzten Buhnen einer Reihe von Feldern, denn dort haben sich interessante Grundstrukturen entwickelt, die Fischen als Einstände dienen.

Buhnenfelder sind gute Reviere fürs nächtliche Raubfischangeln. Hier biss ein Waller auf einen Wobbler.

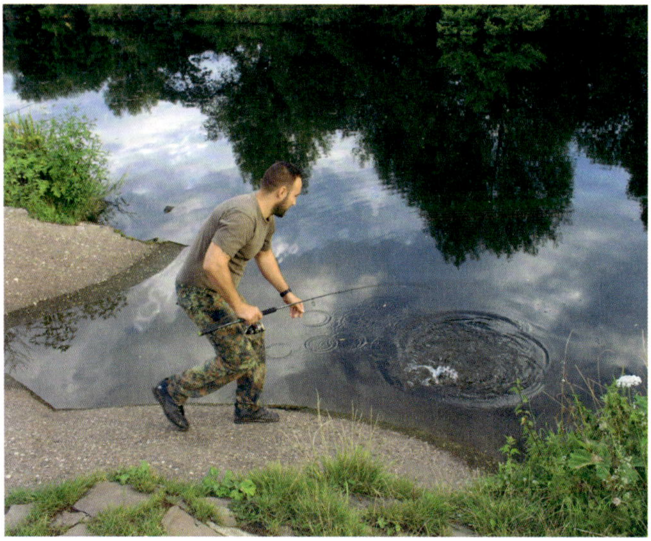

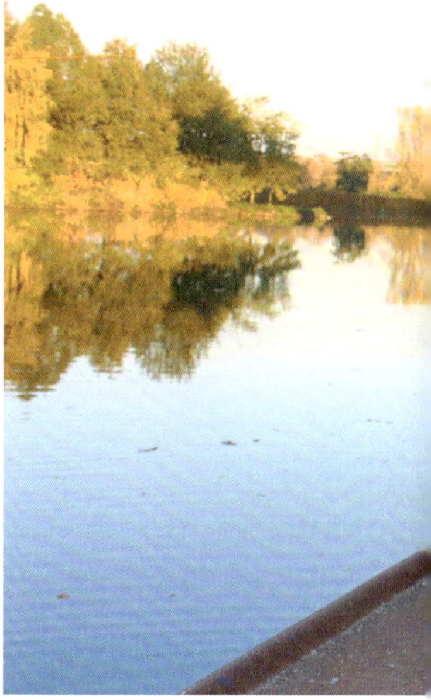

1

NEBENFLUSS- UND BACHEINMÜNDUNGEN

Überall dort, wo andere Fließgewässer in einen Fluss münden, lohnt sich das Angeln auf Raub- und Friedfische. Dabei müssen es nicht unbedingt die Zusammenflüsse großer Ströme sein. Oft reicht eine Bacheinmündung in Ströme wie den Rhein oder die Donau. Besonders interessant sind Nebenflusseinläufe dann, wenn sie – z. B. nach heftigen Regenfällen – trübes Wasser in den Strom eintragen. Spinnangler sollten diese farbigen Grenzbereiche besonders unter die Lupe nehmen, denn Raubfische verbergen sich gern in den milchigen Passagen.

HÄFEN

Industrie- bzw. Binnenhäfen sind gute Angelplätze in der Nachbarschaft großer Flüsse. Besonders in den Wintermonaten zieht es die Flussfische in die tiefen Hafenbecken, denn hier herrschen moderate Wassertemperaturen. Ab Herbst finden sich Barsche und Zander in den strömungsarmen und tiefen Becken ein. Besonders die mit steilen Spundwänden eingefassten Passagen sind dann lohnende Reviere für Spinn- und Ansitzangler. Wer in einem Hafen mit Warmwassereinläufen (häufig in der Nähe von Kraftwerken) fischt, der kann in den Wintermonaten auch auf Fischarten wie Brassen, Karpfen und Waller fischen, die im eigentlichen Fluss dann Winterruhe halten.

AN KANÄLEN UND SCHIFFFAHRTSWEGEN

An wenigen Gewässern ist es schwieriger gute Angelstellen zu finden als an Kanälen. Die schnurgeraden Wasserstraßen bieten unerfahrenen Anglern nur sehr wenige sofort ins Auge springende Besonderheiten, denn sie sie schauen auf ihrer gesamten Strecke fast überall gleich aus. Steinschüttungen und Spundwände, wohin man blickt. Unterbrochen wird diese Eintönigkeit durch Brücken, Wendebecken, Schleusen oder Häfen. Es sind Kleinigkeiten,

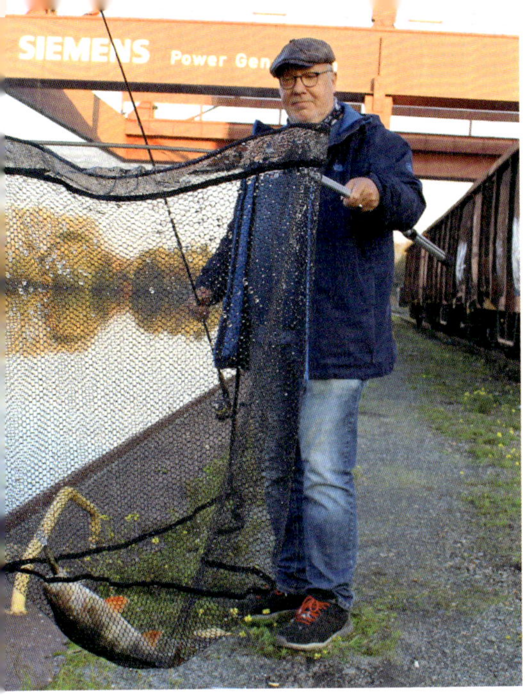

2

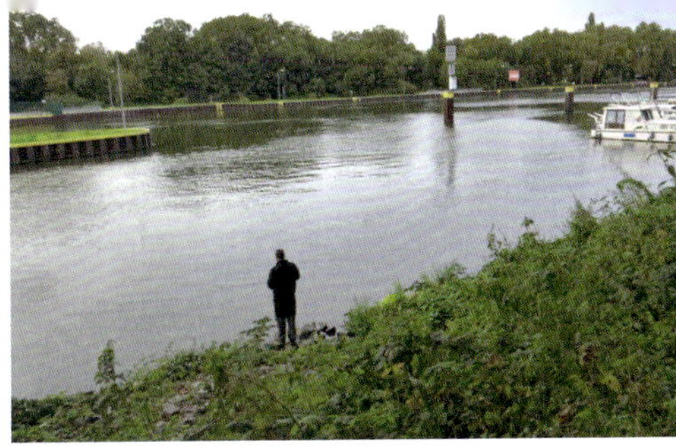

3

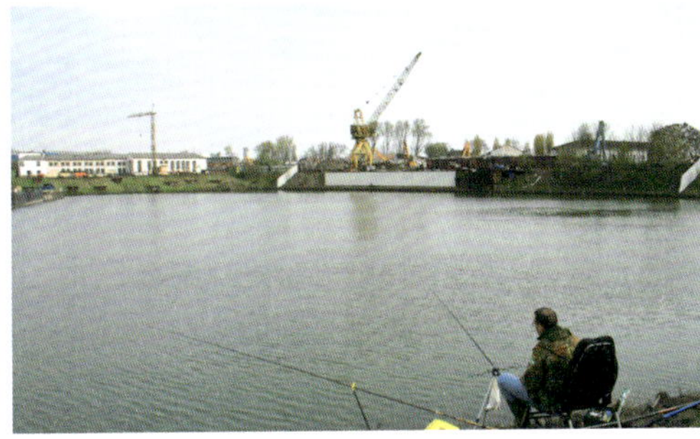

4

die eine gute Kanalangelstelle ausmachen. Hier lohnt es sich besonders:

WENDEBECKEN

Wendebecken sind absolute Top-Stellen, denn hier haben die Schrauben der Schiffsmotoren tiefe Löcher in den Gewässergrund gefräst, die tagsüber Zandern und Aalen als Einstellplätze dienen. Aber nicht nur Räuber verbringen hier gern den Tag, sondern auch jede Menge Brassen, Karpfen und vor allem Rotaugen. Mit Einbruch der Dunkelheit lohnt es sich dort besonders auf Aale und Waller zu fischen. Zum Einsatz kommen dann Grundmontagen.

BRÜCKEN

Brücken sind tagsüber Topstellen für Barsche und Zander. Dass die Stachelritter sich dabei vom Verkehr auf den Brücken nicht irritieren lassen, verwundert nur Kanalneulinge. In der Nähe der Brückenpfeiler befinden sich oft Ausspülungen, in denen Aale und Waller ihre Einstände nehmen und sich auch tagsüber mit am Grund angebotenen Köderfischen und Würmern fangen lassen. Es versteht sich von selbst, dass unter keinen Umständen von Brücken herab geangelt werden darf, denn im Falle eines Bisses steht man dort nicht nur ohne Landehilfe da, sondern verhält sich auch unwaidmännisch.

1. Einmündungen von Nebengewässern sind Top-Stellen.
2. Ab Herbst ziehen Barsche in die Becken der großen Binnenhäfen.
3. Kanäle wirken auf den ersten Blick monoton, sind aber bei genauer Betrachtung abwechslungsreiche Reviere.
4. Wendebecken für Schiffe sind sehr gute Plätze zum Fang von Raub- und Friedfischen.

1. Unterhalb von Schleusen stellen sich an vielen Kanälen große Rapfen ein.
2. An Steinpackungen finden sich bei Nacht Zander ein.

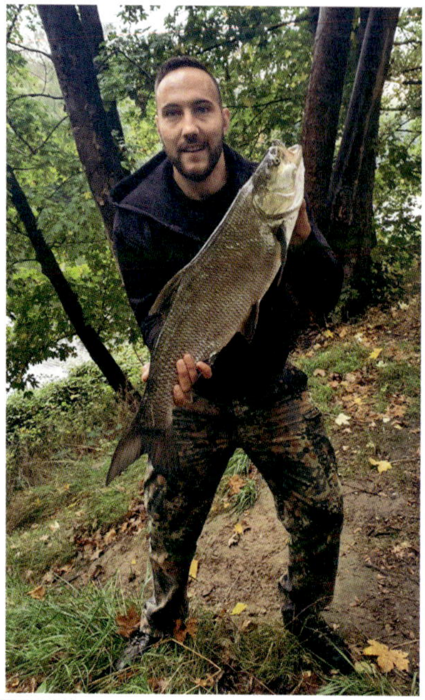

1

2

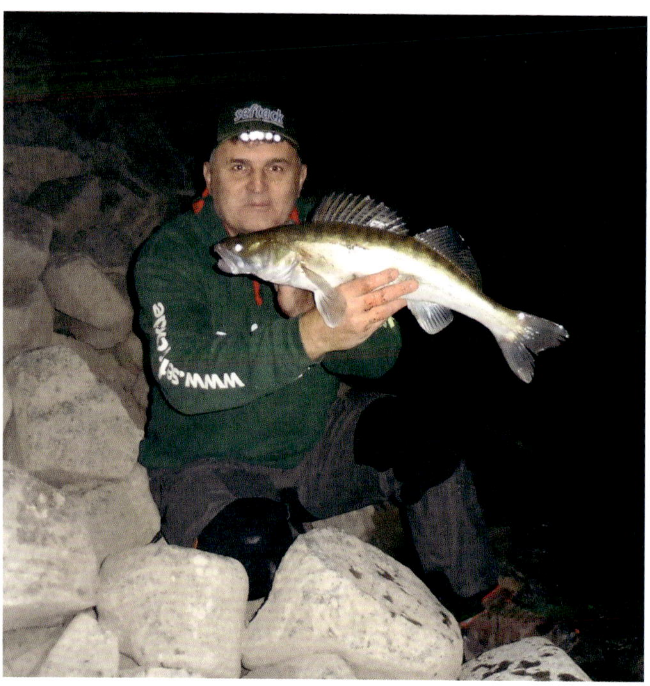

SCHLEUSEN

Zwar dürfen die unmittelbar zu Schleusen gehörenden Gelände nur in den seltensten Fällen betreten werden; trotzdem lohnt es sich, die Gewässerabschnitte ober- und unterhalb zu befischen, denn der Schleusenbetrieb wirbelt Futter für Kleinfische vom Grund auf und macht diese Bereiche zu Anziehungspunkten für alle Raubfische. Die starken Wasserbewegungen in der Nähe von Schleusen ziehen die Fische besonders in der wärmeren Jahreszeit an, denn dort ist das Wasser kühler und sauerstoffreicher als im übrigen Kanal. Nicht selten haben sich unterhalb von Schleusen Sandbänke am Grund gebildet, was besonders Zander zu schätzen wissen. Im Bereich von Schleusen finden die Fische stets genügend Nahrung. Deshalb sind hier fast alle im Kanal vorkommenden Fischarten auf engstem Raum vertreten. Unterhalb der Schleusenkammern lassen sich in vielen Kanälen auch Fischarten fangen, die auf anderen Streckenabschnitten gar nicht oder nur selten anzutreffen sind, wie z. B. Rapfen und Barben.

STEINPACKUNGEN

Die mit Steinpackungen befestigten Uferbereiche dienen Kleinfischen als Verstecke und sind ab Einbruch der Dunkelheit wunderbare Zanderreviere. Die mit dicken Brackmännern befestigten Ufer sollten bei Dunkelheit allerdings nur mit großer Vorsicht beschritten werden. Zum einen verscheuchen wackelnde Steine die in Ufernähe patrouillierenden Fische und zum andern können sie schnell zu Stolperfallen werden.

SPUNDWANDUFER

Spundwandufer sind tagsüber gute Raubfischreviere, denn solange viel Licht ins Wasser fällt, ziehen die Fische es vor, im wahrsten Sinne des Wortes unbehelligt zu bleiben. Vor allem Barsch- und Zanderangler sind hier in ihrem Element. Da sich Karpfen und Weißfische von den an den Eisenwänden angesiedelten Schnecken und Würmern ernähren, lohnt sich in direkter Nähe oft auch ein Ansitz auf Friedfische.

SCHIFFSANLEGER

Schiffsanleger sind besonders für Spinnfischer tolle Reviere. Im Schatten der mächtigen Eisenpfähle stellen sich tagsüber gern Raubfische ein. Oft sind diese Bereiche etwas tiefer ausgebaggert als das Kanalbett in unmittelbarer Nachbarschaft.

HÄFEN

Yacht- und Industriehäfen sind besonders für Spinnfischer tolle Reviere. Unter den Booten, Stegen und Schiffen lauern Barsche, Zander und mitunter auch Welse. Aber auch Karpfen und Weißfische finden sich mit Vorliebe dort ein.

1. Im Schatten von Spundwänden tummeln sich die Fische. Hier ein Hecht, der auf einen Barschköder biss.

2. Yachthäfen sind tolle Kanalreviere, denn unter den Stegen und Booten stellen sich viele Zander und Barsche ein.

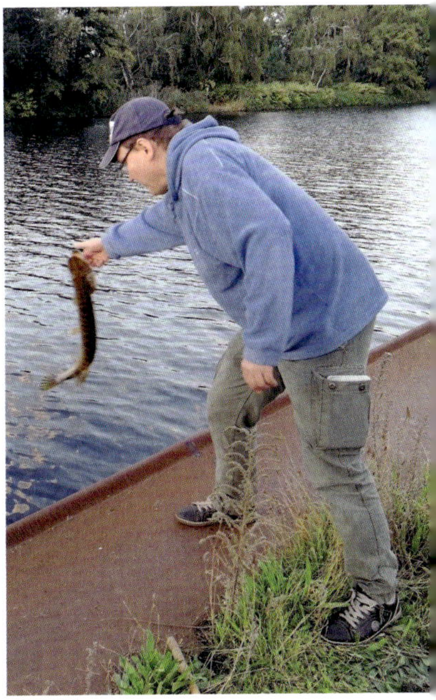

1

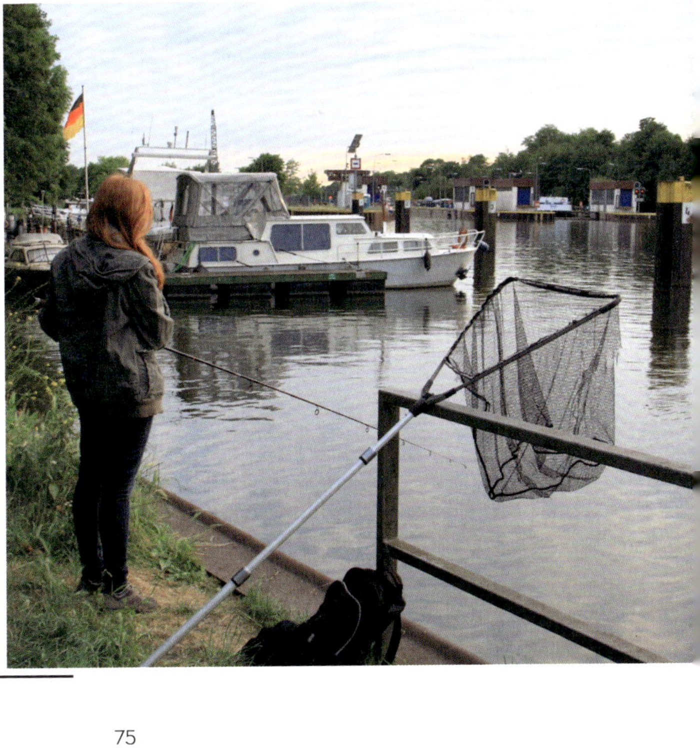

2

WIE ANGELN?

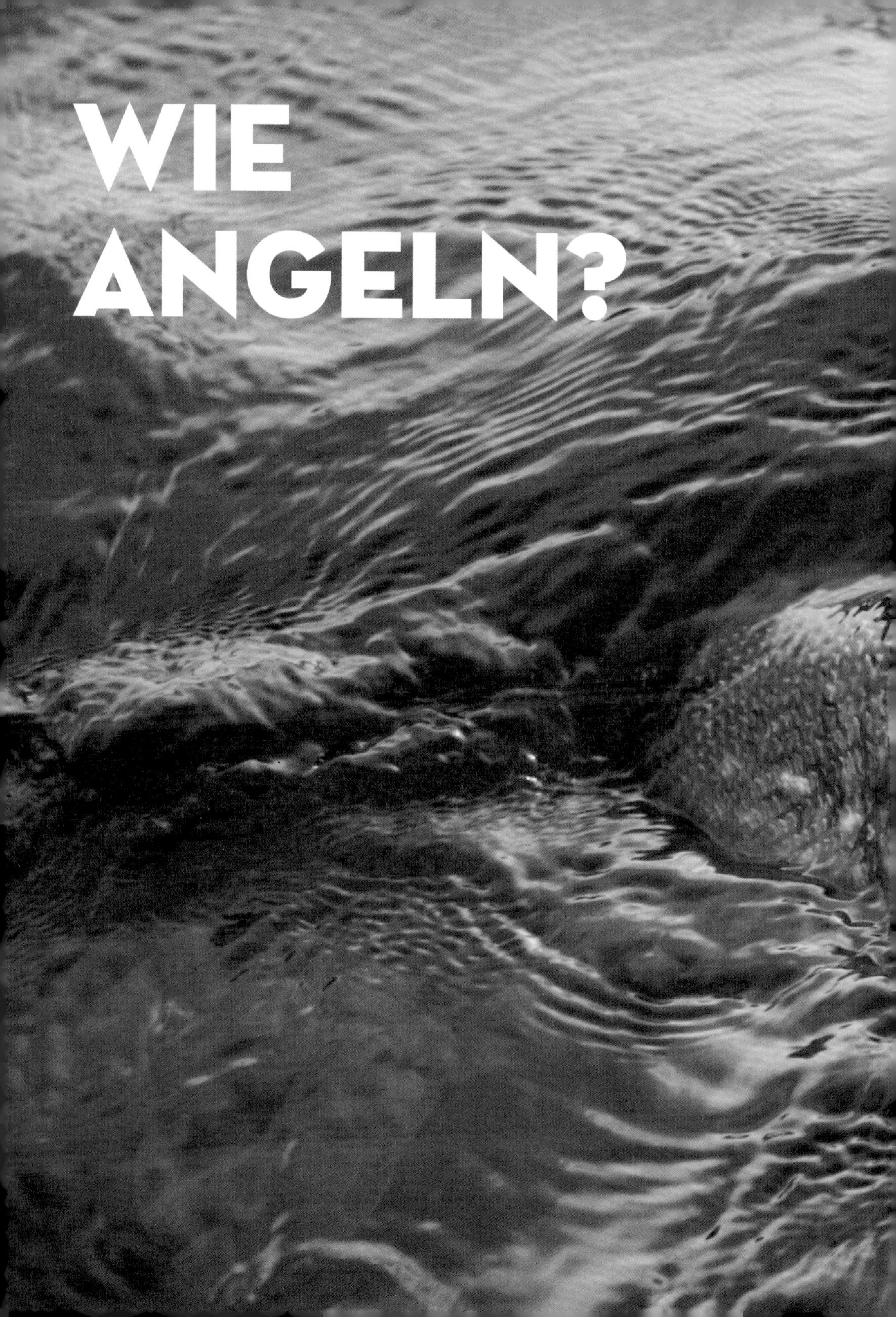

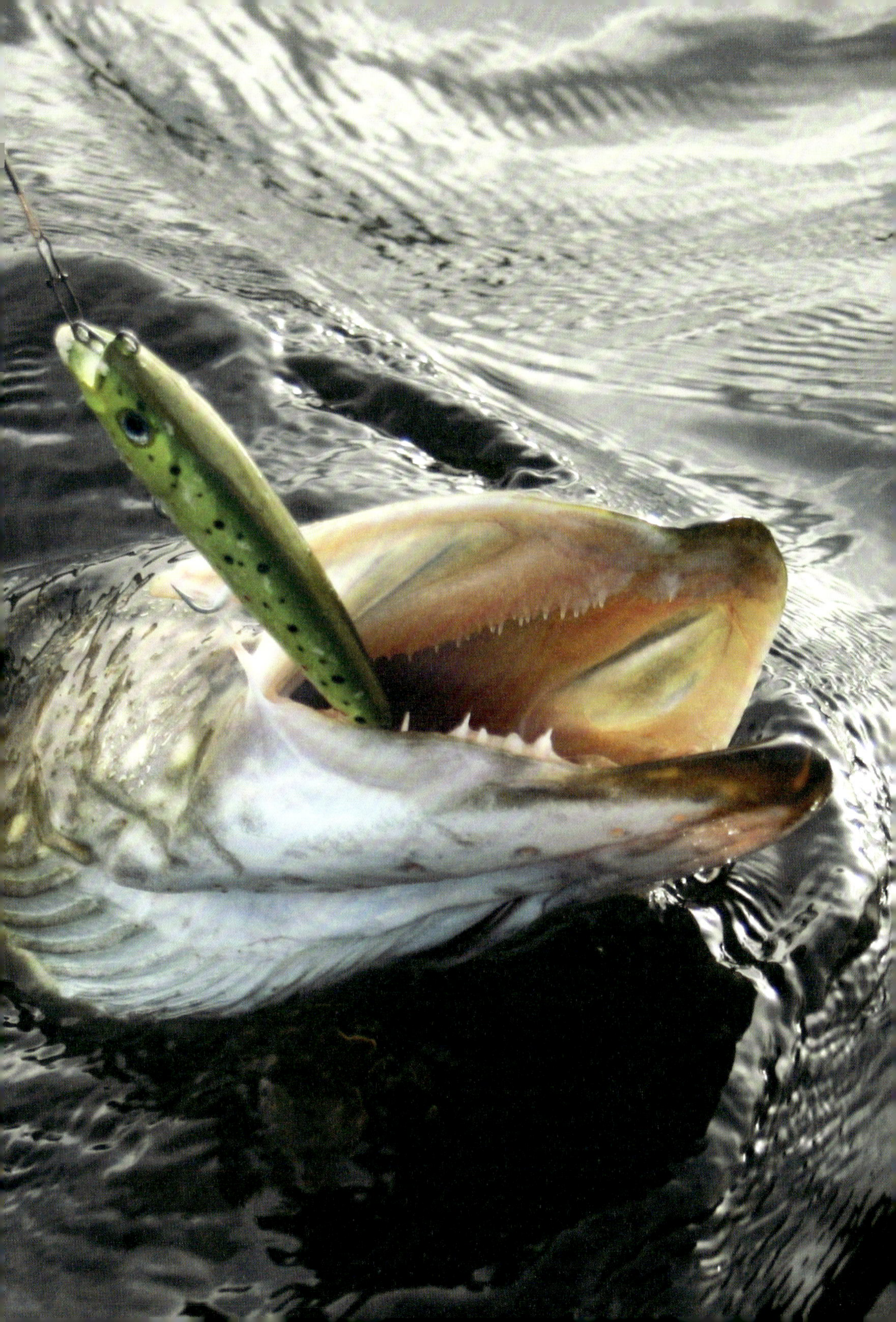

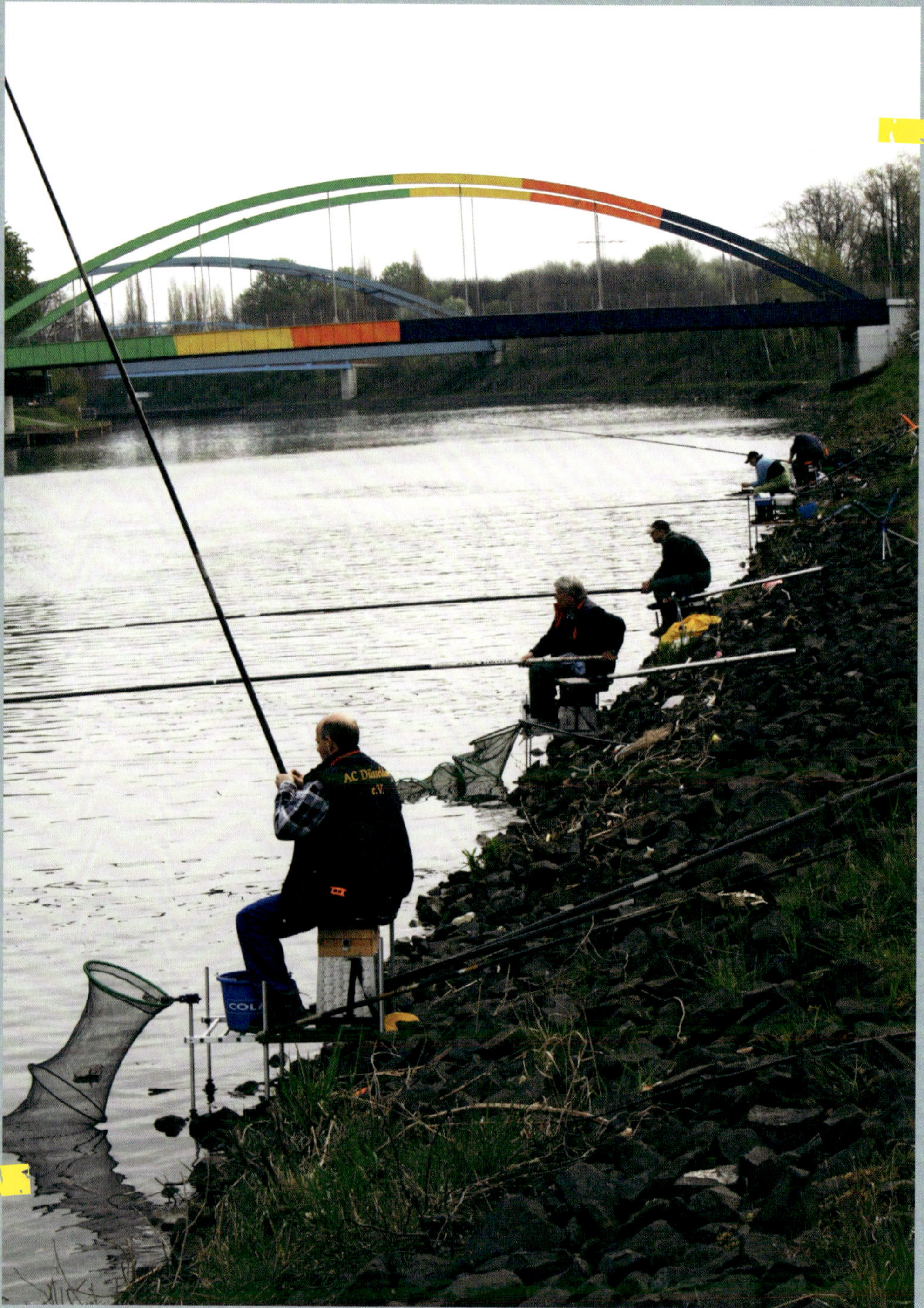

Stippen ist eine ganz besondere Form des einfachen Angelns und kann allein oder in Gesellschaft sehr viel Freude bereiten.

Clever und erfolgreich

Oft gehört gar nicht so viel dazu, erfolgreich zu angeln. Aber man muss auf Situationen reagieren können, und wie das funktioniert, erkläre ich hier ...

Der einfachste und oft erfolgreichste Weg, Fried- und Raubfische mit natürlichen Ködern zu fangen, ist das Angeln mit Grundbleimontagen. Bei dieser Methode braucht man nur ein Grundblei, eine Stopperperle, einen Karabinerwirbel sowie einen Vorfachhaken, dessen Größe sich nach der beangelten Fischart und dem Köder richtet. Fischt man beispielsweise mit einem 8er Haken auf Schleien, so wird dieser mit drei Rotwürmern beködert, sind Zander Zielfische, so wird ein 0/1er Haken mit einem etwa zehn Zentimeter langen Köderfisch bestückt.
Auch für das Angeln in mittleren Tiefen und im Oberflächenwasser sind die Montagen im Handumdrehen montiert und sehen folgendermaßen aus: Auf die Hauptschnur kommt ein feststehender Schwimmer oder eine Laufpose (diese dann durch einen davorgeschalteten Stopper gebremst), eine Bleiolive in passendem Gewicht zur Tragkraft des Schwimmers, eine Kunststoffperle zur Schonung des Knotens, der einen Karabinerwirbel mit der Hauptschnur verbindet, in den das Vorfach eingehängt wird.

„SONDERFALL" STIPPEN

Wer als Einsteiger das Angeln von Grund auf erlernen möchte, der tut gut daran, es in der wärmeren Jahreszeit mit der rollenlosen Stipprute auf Weißfische zu versuchen. Das Stippen war bis weit in die 1980er Jahre hinein eine äußerst beliebte Form der Angelei auf Weißfische und ist in den letzten Jahrzehnten ein wenig aus der Mode gekommen. Für Einsteiger bietet dieses denkbar einfache Angeln den Vorteil, sehr schnell die für den Beginn eines Hobbys so wichtigen ersten Erfolgserlebnisse zu sammeln, denn beim Stippen fängt man an einem Angeltag viele Fische (auch unterschiedliche Arten). Die zwischen drei und acht Meter langen teleskopischen Stippruten (auch Kopfruten genannt) sind für wenig Geld (oft nur 15 oder 20 Euro) zu bekommen und mit äußerst wenig Zubehör einsetzbar. An ihre Spitze knotet man ein um einen Meter als die Rute kürzeres Stück dünne monofile Schnur (in der Regel 0,18er), darauf befestigt man einen leichten, ein bis zwei Gramm tragenden feststehenden Schwimmer, der mit Bleischroten austariert wird und knotet einen

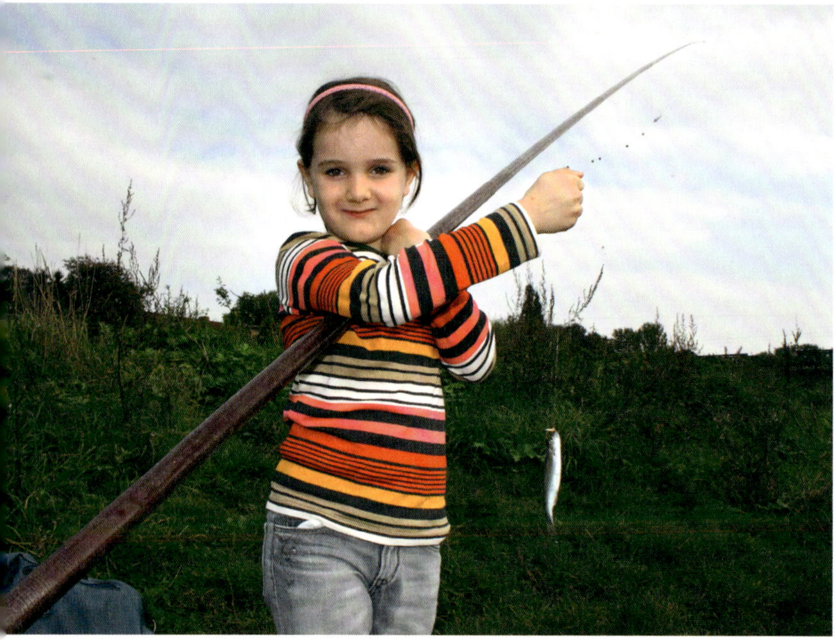

Moderne Stippruten aus Kohlefaserverbundwerkstoffen sind trotz ihrer Länge sehr leicht und kinderleicht zu handhaben.

Vorfachhaken (0,16er Schnur mit 16er bis 14er Haken) ans untere Schnurende, sodass die gesamte Schnur inklusive Vorfach etwa 50 Zentimeter kürzer als die Stipprute ist. Beködert werden die kleinen Häkchen mit Maden oder Teig, wobei das Angeln mit Teig erst dann in Angriff genommen werden sollte, wenn man eine „schnelle Hand“ für die Bisse von Rotaugen, Rotfedern, Brassen oder Güstern entwickelt hat. Stippen funktioniert in der Regel nur mit Anfüttern, wobei zu Beginn des Angelns drei bis vier apfelsinengroße Ballen Grundfutter direkt auf die Angelstelle geworfen werden. Fischt man im Frühjahr und Sommer an Weißfischstellen (Seerosenfelder in Seen, Buhnenfelder in Flüssen oder Kanten von Steinschüttungen in Kanälen), stellen sich die ersten Bisse meist nach wenigen Minuten ein. Erst wenn die Bisse nachlassen, muss mit zwei bis drei Ballen nachgefüttert werden.

GERÄT ZUM STIPPEN

Rute: Rollenlose Kopfruten, die je nach Gewässer zwischen vier und acht Metern lang sein können. Längere Ruten sind überall dort nötig, wo das Wasser tief ist oder man weiter von den Fischen entfernt sitzt (z. B. an Steinschüttungsufern).

Schnur: 0,16er bis 0,18er monofile Schnur reicht in der Regel völlig. Nur wo mit größeren und wehrhafteren Fischen (Karauschen, Schleien) gerechnet werden muss, ist eine 0,20er erforderlich.

Haken: Je nach Größe der zu erwartenden Fische und der verwendeten Köder kommen 10er bis zu 18er Haken an entsprechenden Vorfächern zu Einsatz.

Kleinzeug: Leichte Posen (Antennenposen oder Stachelschweinschwimmer) mit Tragkräften zwischen einem und drei Gramm, Bleischrote zum Austarieren der Schwimmer, ein Hakenlöser, ein Unterfangkescher sowie eine bequeme

Sitzgelegenheit vervollständigen die einfache Ausrüstung.
Köder: Maden, Caster, Teig sowie Mais. Fürs Anfüttern Paniermehl und Aromastoffe.

FEEDERN

Neben dem klassischem Angeln mit der Grundrute, empfiehlt sich für Einsteiger, die es auf Friedfische abgesehen haben, vor allem das sog. Feedern. Dabei wird mit Futterkörbchen aus Maschendraht oder Kunststoff statt eines Grundbleis geangelt. Das mit einem Bleigewicht versehene Körben ist dabei nicht bloßes Wurfgewicht, sondern wird mit Grundfutter gefüllt, sodass die ausgeworfene Montage zugleich auch punktgenaues Anfüttern der Angelstelle bietet. Beim Einsatz im Stillwasser genügen Futterkörbchen, die ohne Füllung zwischen 30 und 50 Gramm wiegen; wird hingegen in stärker strömenden Flüssen gefeedert, so müssen es mitunter Körbe von 80 oder sogar 100 Gramm Eigengewicht sein. Montiert werden die an Anti-Tangle Booms befestigten Futterkörbchen wie herkömmliche Grundbleie. Bei ihrer Befüllung mit Grundfutter ist darauf zu achten, dass die Ladung nicht zu fest gepresst wird, damit die gewünschte Lockwirkung erreicht wird und sich das Futter in einer Wolke lösen kann.
Das Futterkörbchen sollte nach Möglichkeit stets an immer derselben Stelle des Gewässergrundes auftreffen, damit die Angelstelle ausgiebig angefüttert wird. Um dies zu erreichen, klemmt man nach dem ersten Wurf die Hauptschnur in den Schnurhalter auf der Rollenspule, sodass jeder Wurf exakt gleich weit ausfällt. Bereits vor dem ersten Auslegen sollten einige Würfe mit gefülltem Korb erfolgen, um die Angelstelle ausreichend vorzufüttern. Die weiche Spitze der Feederrute dient als Bissanzeiger. Die steil im Winkel von 90 Grad zur Schnur in einem Rutenhalter abgelegte Rute zeigt so die Bisse an, die mit einem sofortigen Anhieb quittiert werden.

1

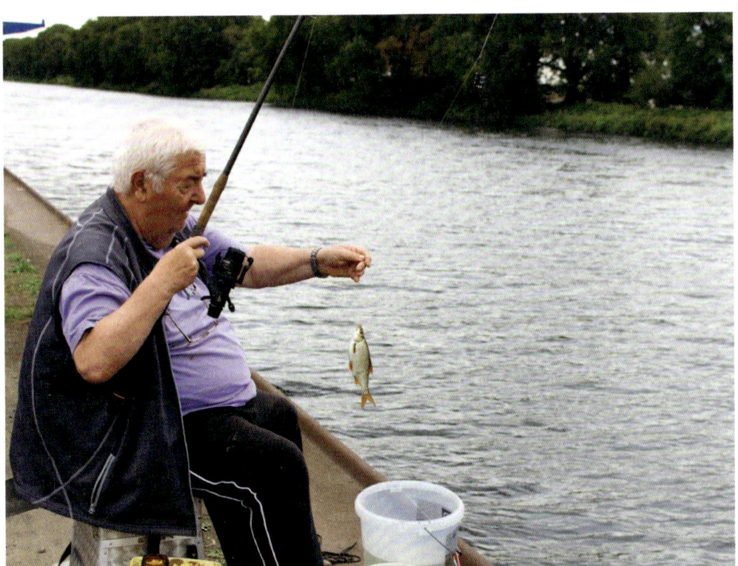

2

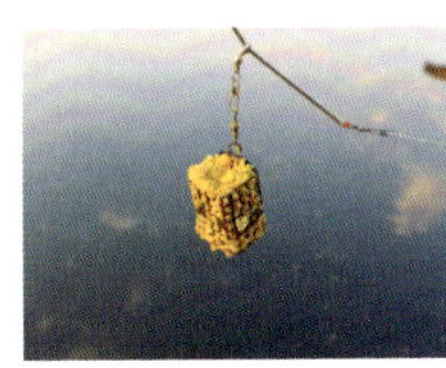

1. Feedern ist eine gute und gemütliche Methode zum Fang von Rotaugen.
2. Futterkörbchen werden an Anti-Tangle Booms montiert, damit sie beim Wurf keinen Schnursalat verursachen.

GERÄT ZUM FEEDERN

Rute: Je nach Wurfweite kommen leichte bis mittlere Feederruten zum Einsatz.
Rollen: Stationärrollen der Größen 2000 bis 3000 eigenen sich gut für das Angeln mit leichten bis mittelschweren Feederruten.
Schnur: Eine 20er bis 22er monofile Hauptschnur reicht beim Feedern vollkommen. Nur dort, wo über sehr weite Distanzen geangelt wird, ist eine geflochtene 0,12er Schnur ratsam; kommt diese zum Einsatz, sollten die letzten Meter der Montage aus dehnbarer Monofilschnur bestehen.
Haken: Je nach Größe der zu erwartenden Fische und der verwendeten Köder kommen 8er bis zu 18er Haken an entsprechenden Vorfächern zu Einsatz.
Kleinzeug: Bebleite Futterkörbchen, Gummiperlen, Wirbel und Vorfachhaken vervollständigen die Ausrüstung.
Köder: Maden, Würmer, Weichkäse und Mais.

MONTAGEN FÜR KÖDERFISCHE

Wer es auf Raubfische abgesehen hat, dem bleiben bei der Wahl der passenden Köder nur Köderfische oder Fetzen, wobei letztere nur Waller, Zander und Aale an den Haken bringen. Hechte und Barsche beißen nur auf ganze Fische und nicht etwa auf Teile davon. Die Montagen fürs Grund- und Posenangeln unterscheiden sich beim Raubfischfang nicht von denen, die beim Fischen auf Friedfische eingesetzt werden. Nur das

1. Das Feederfutter sollte mit Maden und/oder Mais angereichert werden.

2. Wird über größere Entfernungen gefeedert, ist dehnungsfreie geflochtene Schnur einer monofilen vorzuziehen.

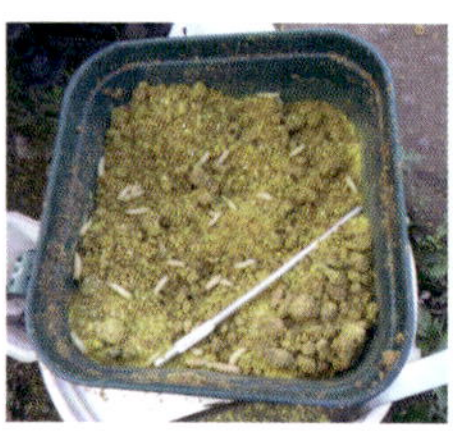

1

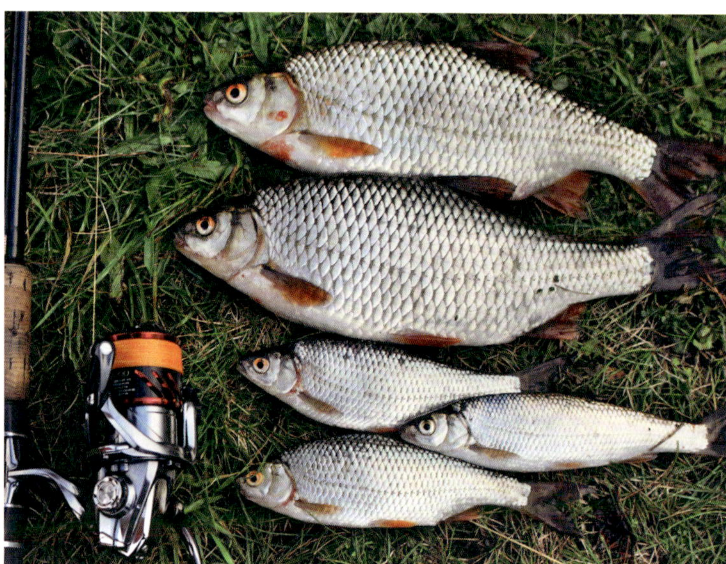

2

Gerät muss etwas stärker gewählt werden.

Statt heute noch immer verwendeter klobiger Hechtkorken sollte man beim Angeln mit Köderfischen schlanke Schwimmer verwenden, die einem beißenden Hecht oder Zander möglichst wenig Widerstand entgegensetzen. Überall dort, wo das Wasser tiefer als zwei Meter ist, kommen nur Laufschwimmer infrage, denn zum einen kann man mit ihnen die Angeltiefe schnell variieren und zum anderen behindern diese Posen nicht die Landung eines Fisches, da sie beim Herankurbeln der letzten Schnurmeter bis auf den Vorfachwirbel zurückgleiten. Während man für Zander (natürlich nur in Gewässern ohne Hechtbestände) auf 2/0 bis 1/0 Einzelhaken an 0,25er Monovorfächern zurückzugreifen kann, kommen zum Angeln auf Hechte nur Stahlvorfachmontagen infrage. Diese lassen einen unverzüglichen Anschlag zu, sodass Hechte nicht tief schlucken und man kleine Ex-

GRUNDELN ALS PLAGE

In vielen Flüssen, Kanälen und Schifffahrtswegen herrscht seit rund zwei Jahrzehnten eine Plage der ursprünglich aus dem Kaspischen Meer stammenden Grundeln. Die nur wenige Zentimeter kleinen Fressmaschinen treten in riesigen Schwärmen auf und stürzen sich auf so gut wie jeden angebotenen Köder. Hat man eine Angelstelle erwischt, an der man von diesen Fischen heimgesucht wird, so hilft nur noch ein Umzug an einen anderen Angelplatz.

1

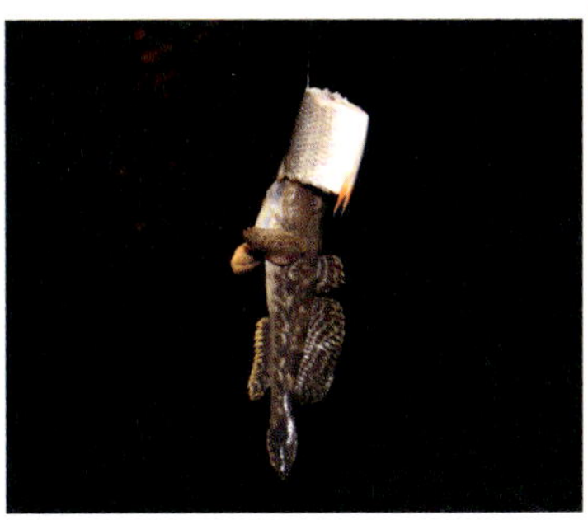

2

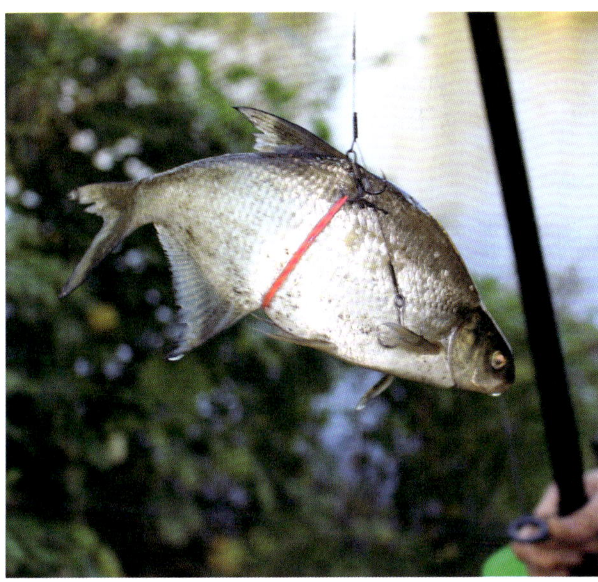

1. Der Appetit von Grundeln ist erschreckend. Dieser Zwerg stürzte sich auf einen Fetzen, der für Aale ausgelegt wurde.

2. An der Posenmontage angebotene Köderfische sollen in natürlicher Stellung im Wasser stehen.

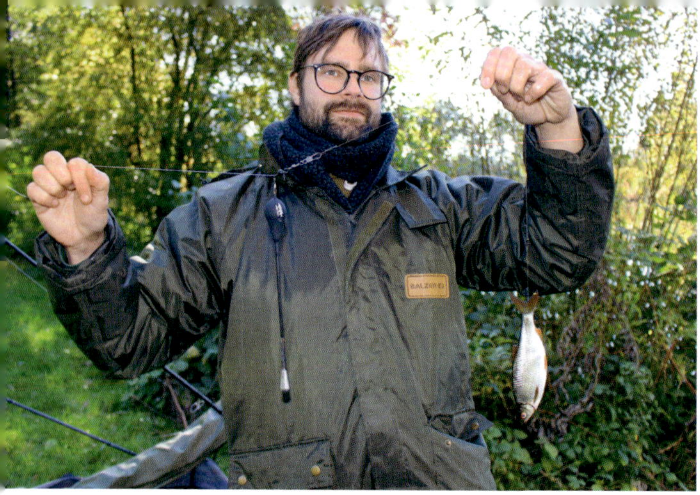

1

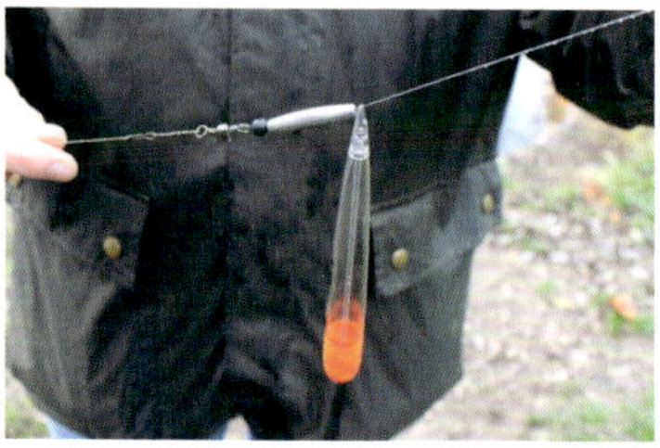

2

1. Wird der Köderfisch zum Hechtfang am Grund angeboten, kann das Drillingssystem in die Flanken des Fisches gestochen werden.

2. Hechte sind mitunter scheu. In sehr klaren und flachen Gewässern sollten die Hechtschwimmer entsprechend unauffällig sein.

KANN MAN RAUBFISCHE ANFÜTTERN?

Anders als Friedfische, die man mit eingeworfenem Grundfutter schnell an den Angelplatz locken kann, müssen Raubfische länger- bis mittelfristig an eine Futterstelle gewöhnt werden, was allerdings auch nur in stehenden Gewässern möglich ist. An drei oder vier Tagen nacheinander eingeworfene Fischstücke (sog. Fetzen) locken Zander, Waller und Aale an Stellen, die dann mit demselben Hakenköder befischt werden sollten.

emplare schonend vom Haken lösen kann. Zwar bauen viele Ansitzangler diese Sofortanschlagsysteme selbst, doch sollten Einsteiger fertige Systeme im Angelgeräteladen kaufen. Mit der Posenmontagen lassen sich (besonders bei Verwendung einer Segelpose) weite Bereiche nach Raubfischen absuchen.

GERÄT ZUM ANGELN MIT KÖDERFISCHEN

Rute: Lange Stellfischrute mit einer Länge von 2,5 bis vier Metern und einem Wurfgewicht von 80 bis120 Gramm; eine Boilie-Karpfenrute tut es aber ebenso gut.
Rolle: Freilaufrollen mittlerer Größe und einem Fassungsvermögen von 200 Metern 30er Schnur sind für das Angeln mit Köderfischen ideal.
Schnur: Geflochtene Schnüre sind zum Naturköderangeln besser geeignet als monofile, denn geflochtene Leinen schwimmen, während monofile nach einiger Zeit versin-

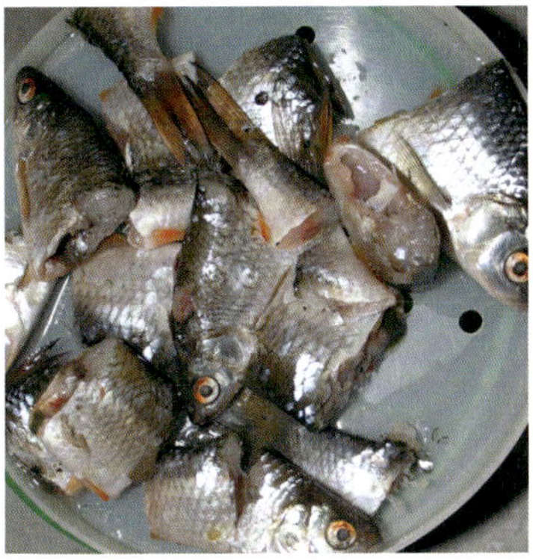

1

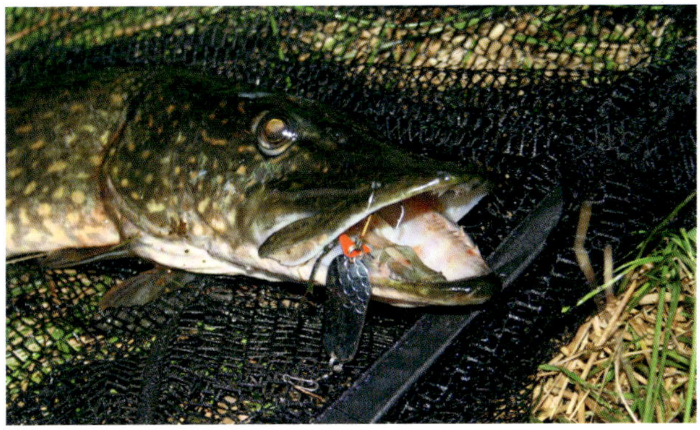

2

ken und sich dann lästige Schnurbäuche unter der Wasseroberfläche bilden. Eine 20er Geflochtene reicht völlig aus, um auch mit dicken Hechten fertig zu werden.

SPINNFISCHEN

Als Spinnfischen bezeichnet man das gezielte Raubfischangeln mit künstlichen Ködern, wobei der Angler seinen Köder aktiv anbietet. Gegenüber dem Angeln mit stationär angebotenen natürlichen Ködern (Köderfischen, Würmern etc.) birgt das Spinnfischen einige Vorteile, die sich besonders an für den Angler neuen und damit fremden Gewässern mit einigen Schlagworten verdeutlichen lassen: Mit der Spinnrute lässt sich in relativ kurzer Zeit eine große Wasserfläche absuchen. Das Spinnfischen hilft einem also, ein neues Revier recht schnell kennenzulernen. Weiter sind Spinnfischer nicht auf den momentanen Appetit der Raubfische angewiesen, denn Spinnköder sind Reizköder und wecken somit den Jagdtrieb von Raubfischen, die eigentlich gar nicht auf Nahrungssuche sind. Und nicht zuletzt bedarf Spinnangeln wenig Vorbereitung. Während Ansitzangler sich erst Köder besorgen müssen, können Spinnfischer sofort loslegen.

WELCHE FISCHE BEISSEN AUF SPINNKÖDER?

Geht es ums Spinnfischen, so denken die meisten Einsteiger zunächst an Hechte und Blinker. Tatsächlich ist der klassische Blinker auch einer der besten Kunstköder zum Fang dieser auf der Wunschliste vieler Petrijünger ganz oben platzierten Fischart. Seit der Erfindung der ersten Blinker vor mehr als 150 Jahren haben sich aber noch viele andere Kunstköder in den Geräteboxen der Spinnangler eingefunden, sodass der klassische Blinker heute vielen (und vor allem jungen) Anglern nur noch als ein Kunstköder unter vielen bekannt ist. Mit Spinnkö-

1. Fetzen zum Anfüttern sind nicht appetitlich aber lohnend.

2. Ein ersponnener Hecht

dern (Blinker, Spinner, Wobbler, Gummiköder) fängt man außer Hechten auch Barsche, Zander, Welse, Forellen, Saiblinge, Lachse, Döbel, Rapfen sowie Alande; wobei die letztgenannte Fischart eigentlich ein Friedfisch ist und nur gelegentlich zu einem auf Spinnköder beißenden Raubfisch „mutiert". Spinnköder sind nämlich reine Raubfischköder, die von allen Friedfischen (Schleien, Karpfen, Rotaugen, Brassen usw.) mit völliger Missachtung gestraft werden.

WAS BRAUCHE ICH ALS SPINNFISCHER?

Zum Spinnfischen braucht man eine Spinnrute, denn mit zum Ansitzangeln konzipierten Ruten (Karpfen-, Feeder- und Grundruten) könnte man einen Spinnköder zwar auswerfen, jedoch nicht richtig führen. Spinnruten unterscheiden sich von anderen Ruten durch ihre speziell auf das Angeln mit Kunstködern ausgelegten Eigenschaften (Länge, Griff, Beringung, Wurfgewicht sowie Aktion bzw. Biegeverhalten.) Ob man sich als Einsteiger für eine Steck- oder Teleskoprute entscheidet, ist

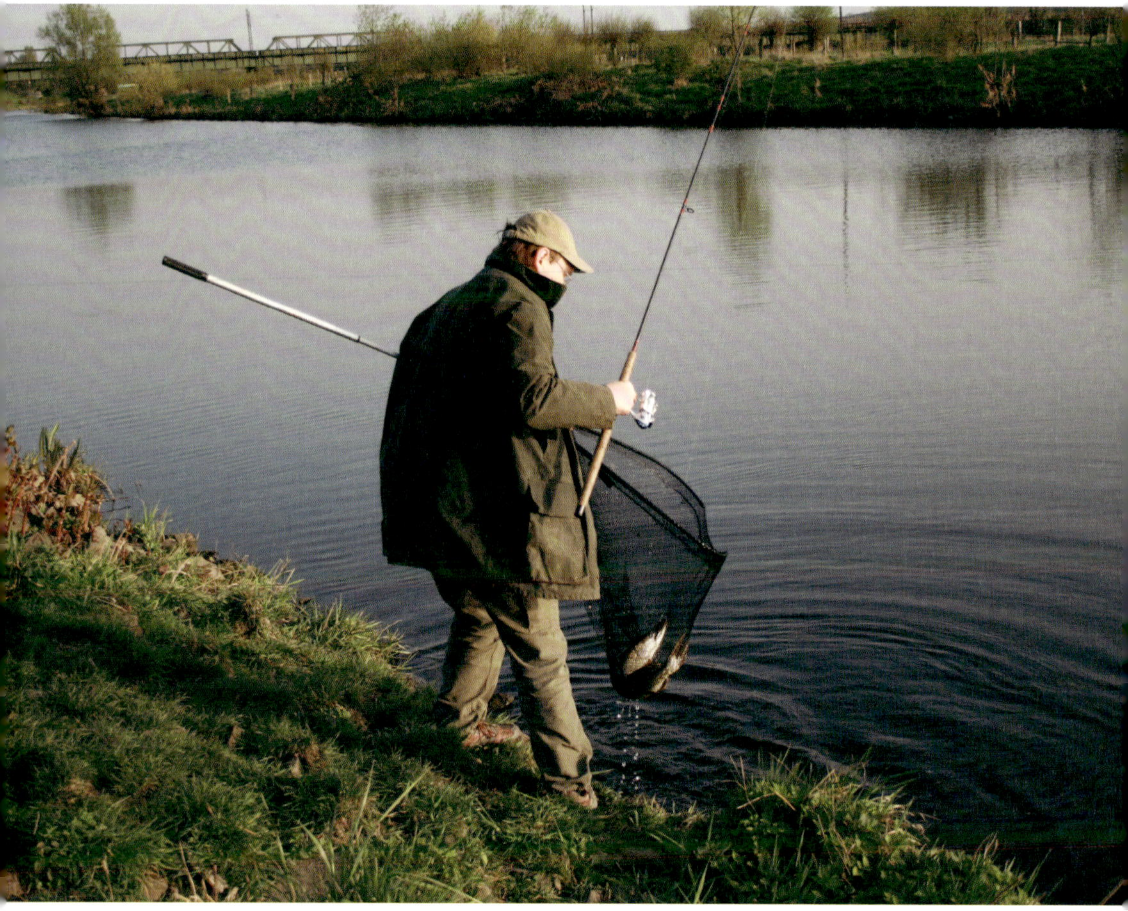

zum einen eine Frage des persönlichen Geschmacks, zum anderen aber auch von den Transportmöglichkeiten abhängig. Für beide Rutentypen gelten folgende Faustregeln: Man sollte die für seine Bedürfnisse möglichst längste Rute wählen, denn lange Ruten haben gegenüber kürzeren fünf Vorteile: 1. Man kann weiter werfen, 2. Anschläge kommen auf weite Distanzen besser durch, 3. Spinnköder lassen sich wesentlich besser führen bzw. ihr Lauf kann besser gesteuert werden, 4. Hänger (Festsitzen des Köders an einem Unterwasserhindernis) lassen sich leichter lösen, 5. Drills gehakter Fische sowie das anschließende Führen über den Unterfangkescher gestalten sich leichter. Für Menschen mit durchschnittlicher Körpergröße (zwischen 1,7 und 1,8 Metern) wären fürs Angeln vom Ufer Ruten zwischen 2,4 und 2,7 Metern Länge ideal. Wird vom Boot aus gefischt, wo man einen kleineren Wurfradius vorfindet, müssen entsprechend kürzere Ruten gewählt werden. Bootsruten sind in der Regel nicht länger als zwei Meter.

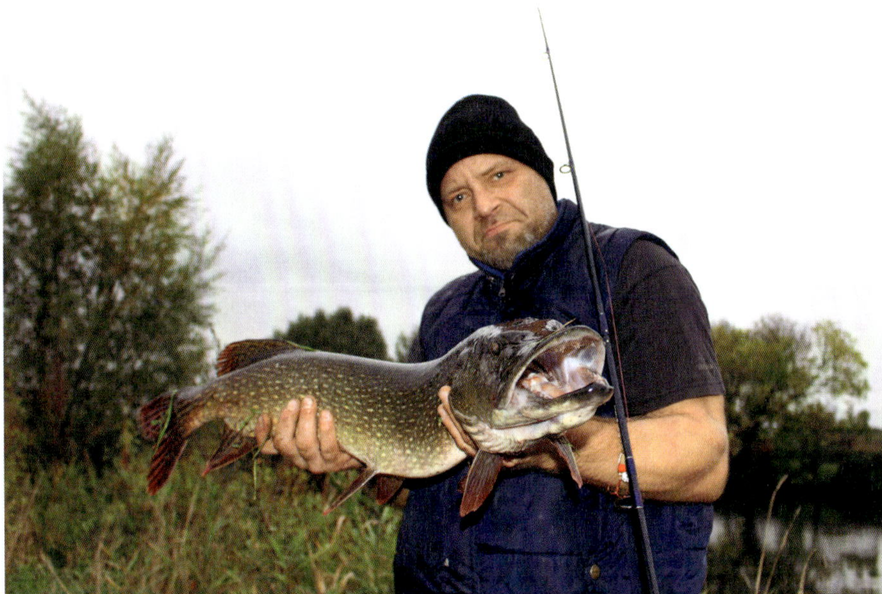

2

1. Das Spinnfischen erfreut sich heute einer immer größeren Beliebtheit.

2. Hechte sind die wohl begehrtesten Zielfische der Spinnangler.

1

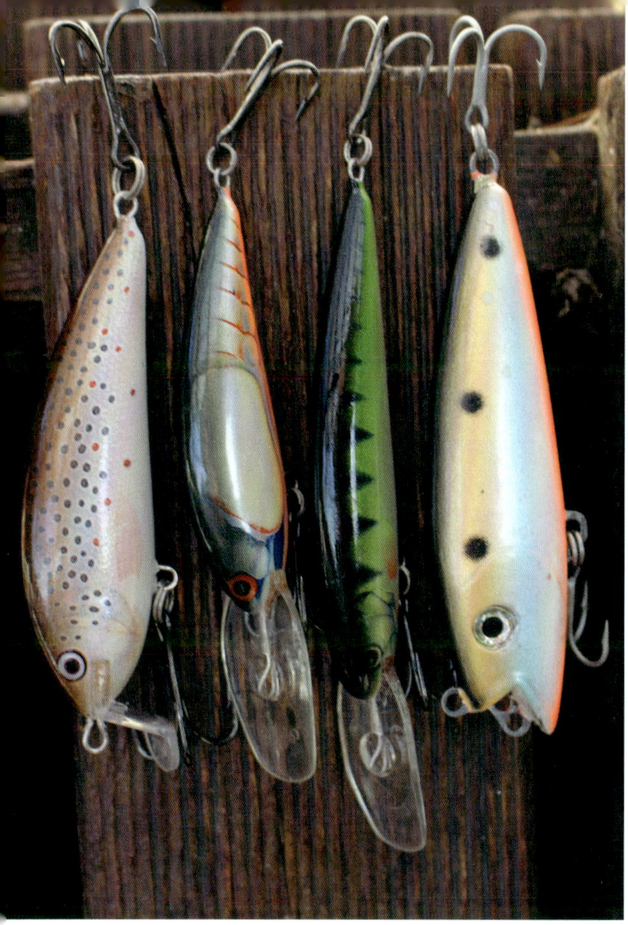

Sehr große Wobbler sind für das Schleppangeln vom Boot gedacht und nicht zum Werfen. Normale Spinnruten kommen bei ihnen an ihre Grenzen.

Da man als Einsteiger zunächst Allround-Spinnfischer ist, sollte auch die erste Spinnrute ein solches Modell sein. Am besten kauft man sich eine Rute mit Spitzenaktion und einem Wurfgewicht von 20 bis 60 Gramm. Die Spitzenaktion, bei der sich im Drill eines Fisches nur der obere Teil der Rute stark biegt, hat den Vorteil, dass man mit ihr jeden Kunstködertypen (Blinker, Spinner, Wobbler etc.) werfen und führen kann. Das relativ breite Spektrum des Wurfgewichtes unterstützt die Möglichkeiten des Einsatzes unterschiedlicher Ködertypen ebenfalls.

Zu einer solchen Spinnrute passt eine Stationärrolle. Der Rolle kommt beim Spinnfischen eine mindestens so wichtige Bedeutung zu wie der Rute. Zwar gibt es für Spinnfischer auch Multirollen, doch sollten Einsteiger sich für den Kauf einer Stationärrolle entscheiden. Erstens ist der Umgang mit ihr wesentlich leichter zu erlernen, zweitens kann man sie auch zum Grundangeln verwenden und drittens werden Stationärrollen zumeist mit zwei Spulen geliefert, sodass man beide mit jeweils unterschiedlichen Schnüren bewickeln kann, um auf wechselnde Bedingungen beim Angeln zu reagieren.

Will man, von Ausnahmen für extreme Formen des Angelns (z. B. das Hochseeangeln in tropischen Gewässern) einmal absehen, so werden Stationärrollen für das Fischen in unseren Gewässern in fünf Größen hergestellt und im Fachhandel angeboten. Diese Größen werden je nach Hersteller in der Regel als 1er oder 1000er für die kleinsten Rollen und 5er bzw. 5000er für die größten einer Serie bezeichnet. 1er Rollen kommen beim Ultraleicht-Spinnfischen auf kleine Forellen am Bach zum Einsatz, 5er benutzt man zum Spinnfischen auf Waller oder verwendet sie zum Spinn- bzw. Pilkfischen auf Dorsche in Nord- und Ostsee. Für Einsteiger sind 3er Rollen wie geschaffen, denn mit ihnen kann man alle Raubfischarten befischen.

WAS IST WURFGEWICHT?

Der Begriff Wurfgewicht ist für Einsteiger recht irreführend. Er wird stets mit zwei Zahlen angegeben, von denen die kleinere das „minimale“ und die größere das maximale Gewicht eines Köders bzw. einer Montage angibt, die mit dieser Rute ausgeworfen werden kann. Irreführend an diesem Zahlenpaar ist der Umstand, dass niemand einen 60 Gramm schweren Blinker an einer Rute mit einem Wurfgewicht von 20–60 Gramm auswerfen wird, sondern bereits ein 20 Gramm schweres Modell ein ordentlicher „Brocken“ ist. Das Wurfgewicht ist nämlich eher die Angabe der Stabilität bzw. des Rückgrates einer Spinnrute. Mit der 20-60-Gramm-Rute können sämtliche Kunstköder, vom 10 Gramm schweren Spinner bis zum 30 Gramm schweren Blinker weit ausgeworfen und problemlos geführt (also eingeholt) werden. Sie ist die ideale Rute mit der sowohl Hechte, Barsche, Zander als auch Rapfen und größere Forellen befischt werden können.

Ein Zander neben einer 2000er Rolle

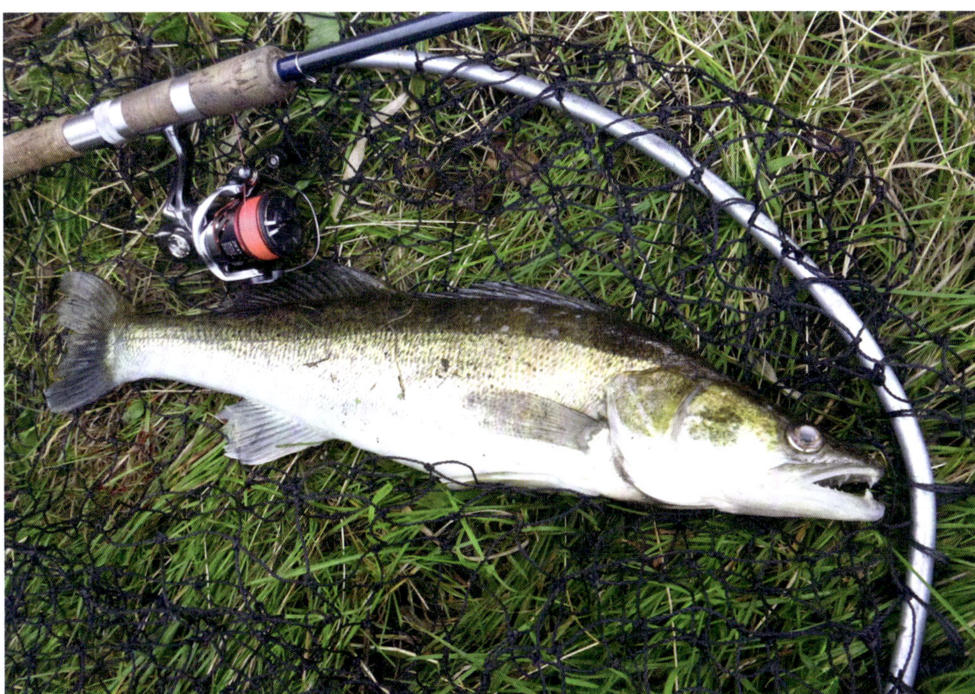

1. Die Schnurlaufröllchen am Bügel einer Stationärrolle müssen von bester Qualität sein und unbedingt gleichmäßig rollen, sonst droht Gefahr für die Schnur.

2. Einsteiger kaufen ihre Schnur am besten im stationären Fachhandel und nicht in Onlineshops.

DIE RICHTIGE ROLLENBREMSE

Je nach Modell sind an Stationärrollen die Bremsen entweder in Form einer Flügelmutter auf der Spule (sog. Kopfbremse) oder am Heck in Form eines Drehschalters angebracht (sog. Heckbremse). Die Bremse hat die Funktion, unter Zug Schnur freizugeben und so ihr Zerreißen (einen sog. Schnurbruch) zu verhindern. Für welchen Bremsentypen man sich entscheidet, ist bei qualitativ hochwertigen Stationärrollen allein eine Frage des persönlichen Geschmacks und der individuellen Vorlieben. Der Bremse fällt aber nicht allein beim Drill eine wichtige Bedeutung zu, sondern ihre Funktion kommt schon beim Biss eines größeren Raubfisches zum Tragen, denn sie muss die oft ungestümen und heftigen Attacken auf den Spinnköder – die sich in Sekundenbruchteilen auf die Schnur übertragen – abfedern. Zwar wird die erste Abfederung eines starken Bisses von der Rutenspitze übernommen, doch beißen kapitale Räuber (besonders Zander und Rapfen) oft so vehement, dass die Hauptschnur bei zu fest gezogener Bremse reißen kann. Am besten ist eine Rollenbremse eingestellt, die erst bei Belastung der Rute Schnur freigibt. Dies testet man,

1

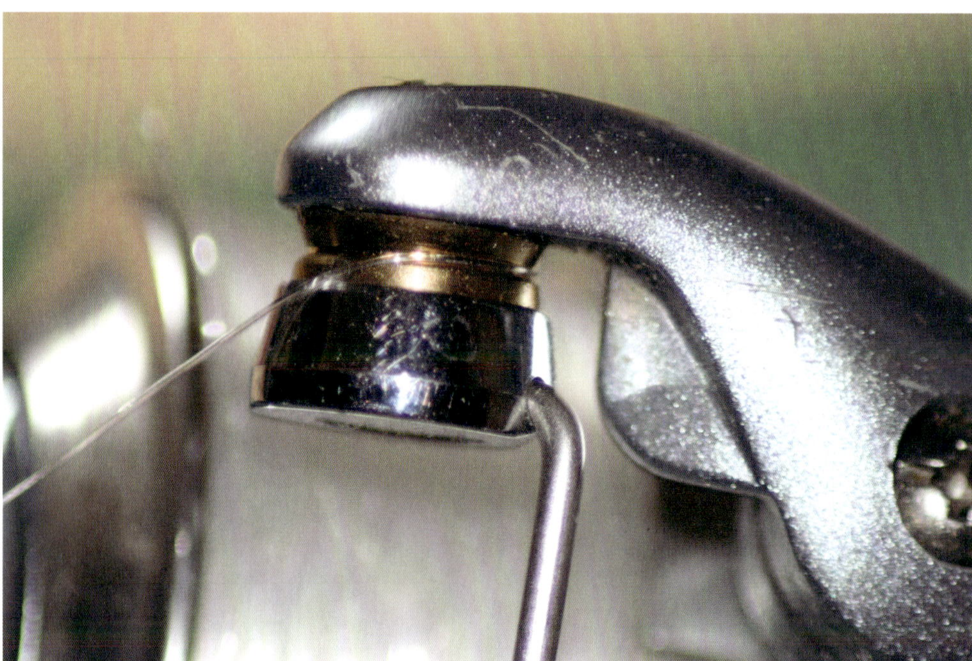

indem man sie an der Rute montiert, die Schnur durch sämtliche Rutenringe zieht und die Bremse solange verstellt, bis sie die Schnur – langsam und gleichmäßig – erst dann freigibt, wenn sich das obere Drittel der Rute zu biegen beginnt. Eine gute Stationärrolle zum Spinnfischen muss fünf Qualitätsmerkmale aufweisen: 1. Sie soll über einen ruhigen und gleichmäßigen Lauf verfügen, der ein harmonisches Einholen der Schnur gewährleistet. 2. Sie soll eine stufenlose und fein justierbare Bremse besitzen, mit der man im Drill die Belastung auf die Schnurtrommel (und damit auch auf das gesamte Gerät inklusi-

WAS IST ROLLENÜBERSETZUNG?

Die Übersetzung einer Rolle gibt das Verhältnis von Kurbelumdrehung zu Schnureinzug an. Je höher die auf der Trommel (Spule) der Stationärrolle angegebene Übersetzung, desto mehr Schnur dreht man bei einer Kurbelumdrehung auf die Spule. Zwar schätzen viele Angler Rollen mit hoher Übersetzung, doch laufen besonders Einsteiger schnell Gefahr, ihre Spinnköder zu schnell einzukurbeln. Eine Rolle mit einer Übersetzung von 4:1 ist für die Belange der meisten Spinnfischer – und erst recht aller Grund- und Ansitzangler – völlig ausreichend, denn bei ihr dreht sich die Spule bei einer Kurbelumdrehung vier Mal. Nur in extrem schnell fließendem Wasser sind Rollen mit höherer Übersetzung zu empfehlen.

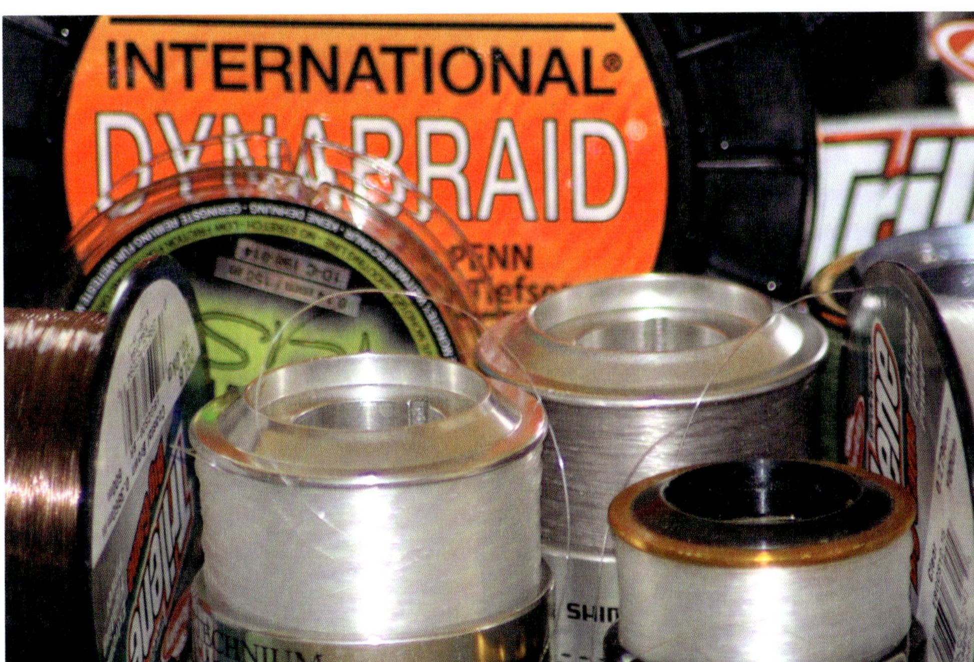

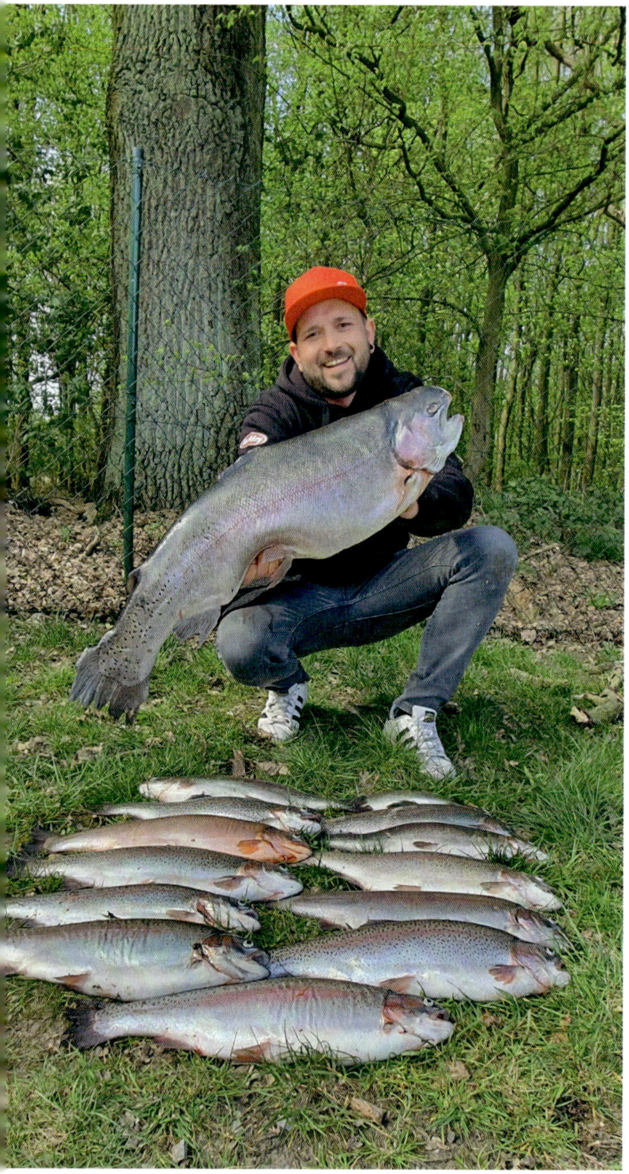

Nach dem Drill größerer Fische oder nach dem Lösen von Hängern sollte man drei bis vier Meter der dann überdehnten monofilen Schnur abschneiden.

ve Rute, Schnur und Vorfach sowie den Schnurknoten) genau nach seinen Wünschen einstellen kann. 3. Ihre Spule muss weite Würfe erlauben und beim Einholen der Schnur für eine genaue und saubere Aufwicklung sorgen. 4. Ihr Laufröllchen muss am Schnurfangbügel aus hochwertigem Edelstahl hergestellt sein und frei rotieren können, damit sich die Schnur dort nicht eingraben kann, was zu Beschädigungen und damit zum Zerreißen (dem sog. Bruch) führen würde. Und 5. sollte der Bügel sowie die Bügelfeder von bester Qualität sein, damit man sie nach vielen Tausend Würfen noch immer leichtgängig öffnen und schließen kann. Wer eine Rolle zum Preis von rund 100 Euro ersteht, der hat eine gute Wahl getroffen und wird an seiner ersten Spinnrolle lange Freude haben.

WIE VIEL SCHNUR?

Die richtige Bewicklung der Spule ist zwar bei jeder Angelmethode wichtig, doch fällt ihr beim Spinnfischen eine ganz besondere Bedeutung zu, denn mit zu wenig Schnur auf der Rolle kann man nicht weit werfen; und mit zu viel Schnur gelingen auch keine Würfe, weil sich dann Verwicklungen (sog. Perücken) bilden. Das auf dem Spulenrand angegebene Schnurfassungsvermögen hilft Anglern oft nicht weiter, denn dort sind nur die gängigen Schnurdurchmesser angeben (z. B. 100 m/0,30 mm); will man die Rolle aber mit 0,20er geflochtener und ein paar Metern monofiler 0,40er (zur Füllung des Spulenkerns) bewickeln, so kommt man schnell ins (vergebliche) Kopfrechnen. Am komfortabelsten ist es daher, die Rolle im Fachgeschäft bespulen zu lassen. Ist dies nicht möglich, so macht man es daheim von Hand und achtet darauf, dass die Schnur gerade und fest auf die Rolle gespult wird. Eine Stationärrolle ist ideal bewickelt, wenn am oberen Spulenrand rund 1 Millimeter Raum bleib.

Eine Spule der 3er Rolle bewickelt man mit einer 0,25er monofilen Schnur, die man zum Spinnfischen auf Forellen, Barsche einsetzt, die zweite mit einer 0,15er geflochtenen, die beim Spinnfischen auf Hechte, Zander und Rapfen zum Einsatz kommt. Zwar könnte man Barsche und Forellen auch mit einer 0,20er monofilen Schnur beangeln, doch muss beim gezielten Spinnfischen auf diese Arten auch immer mit dem Biss besonders großer Exemplare oder sogar eines Hechtes oder Zanders gerechnet werden. Das etwas stärkere Kaliber dient somit der Sicherheit.

WELCHE SCHNUR?

Im Fachhandel werden zwei Sorten von Angelschnur angeboten: Monofile, also „herkömmliche“ Angelsehne aus Nylon, wie man sie auch zum Aufhängen von Bildern oder zum Steigenlassen von Papierdrachen benutzt, und geflochtene (polyfile), die aus mehreren miteinander verflochtenen Kunststofffasern hergestellt wird. Als Faustregel kann man Einsteigern beim Kauf monofiler Schnur empfehlen, die etwas teureren Produkte zu wählen und von Billigleinen sowie sog. Zielfischschnüren (zu erkennen an der Abbildung einer einzelnen Fischart auf der Schnurtrommel bzw. Verpackungseinheit) die Finger zu lassen. Am besten kauft man

Multifile Schnur hat wenig Dehnbarkeit und kann grell eingefärbt werden.

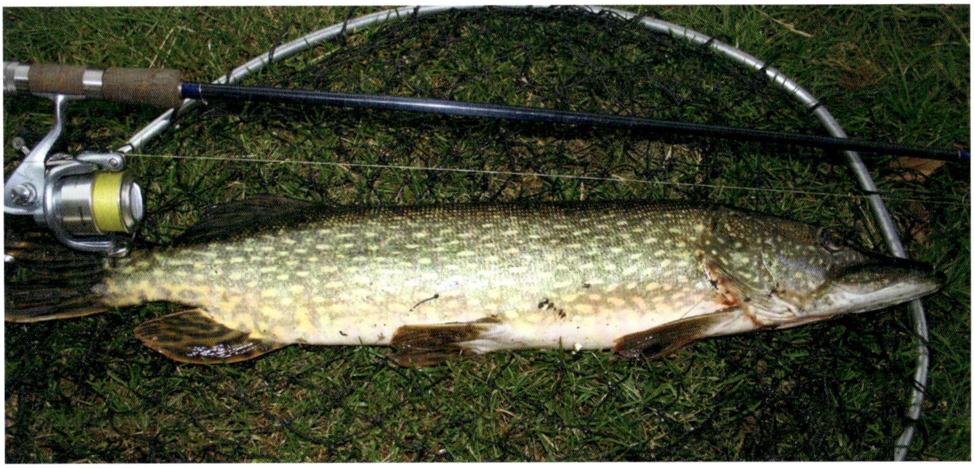

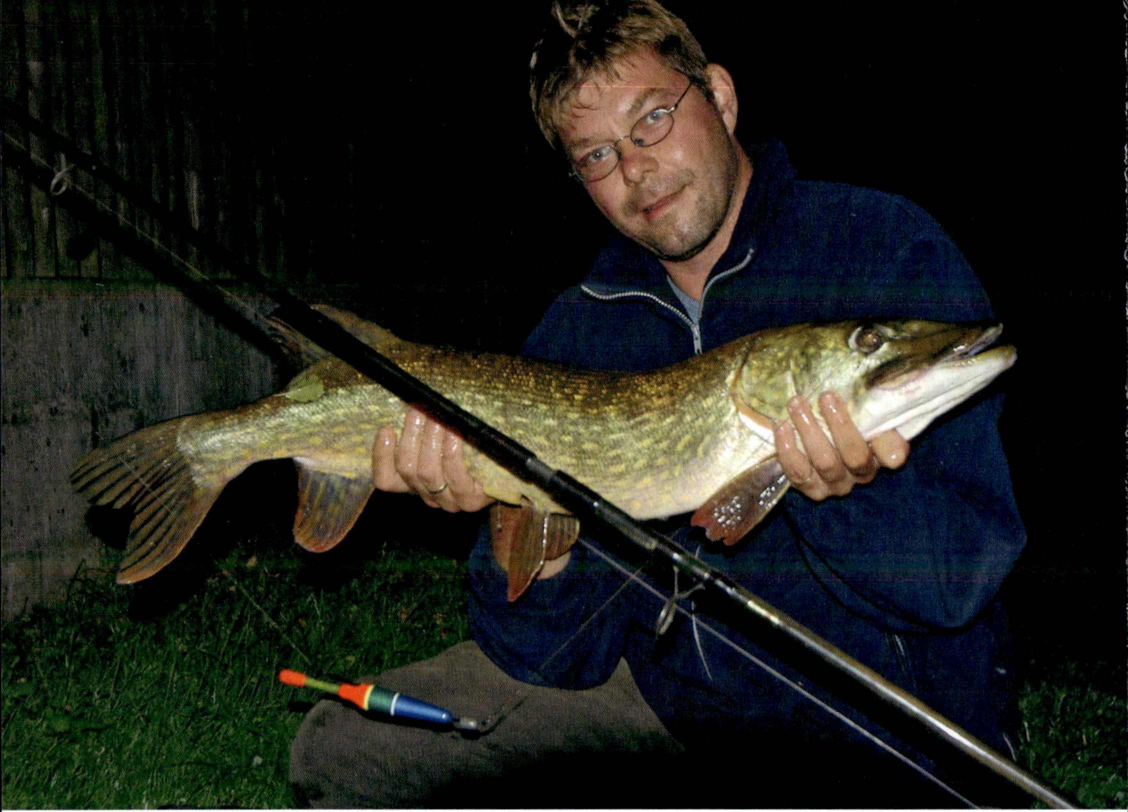

Beim Ansitz auf Hecht wird eher monofile Schnur verwendet.

monofile Angelschnur aus dem Sortiment US-amerikanischer Firmen bei einem Fachhändler, der selbst begeisterter Spinnfischer ist und seinen Kunden keine schlechte und/oder überlagerte Ware andreht. Monofile Schur unterscheidet sich von moderner Geflechtschnur (oft Geflochtene genannt) durch fünf Eigenschaften: 1. Sie bietet Dehnung und schafft so Tragkraftreserven, die besonders dann zum Tragen kommen, wenn vor der Landung nur noch wenige Meter Schnur zwischen Angler und Fisch sind. 2. Sie ist abriebfester als geflochtene Schnur und bietet somit beim Fischen über steinigem oder mit Muscheln bewachsenem Grund Vorteile. 3. Sie eignet sich auch als Vorfachmaterial. 4. Sie ist leicht knotbar und hat gute Nassknotenfestigkeit. 5. Sie vereist im Winter nicht. Außerdem ist sie bedeutend preisgünstiger als geflochtene Schur. Monofile Schnur ist nicht UV-lichtbeständig, altert somit schnell und sollte deshalb nur ein Jahr bis maximal zwei Jahre auf der Rolle bleiben, denn sie verliert durch Sonnenlicht, schwankende Temperaturen sowie den Wechsel von

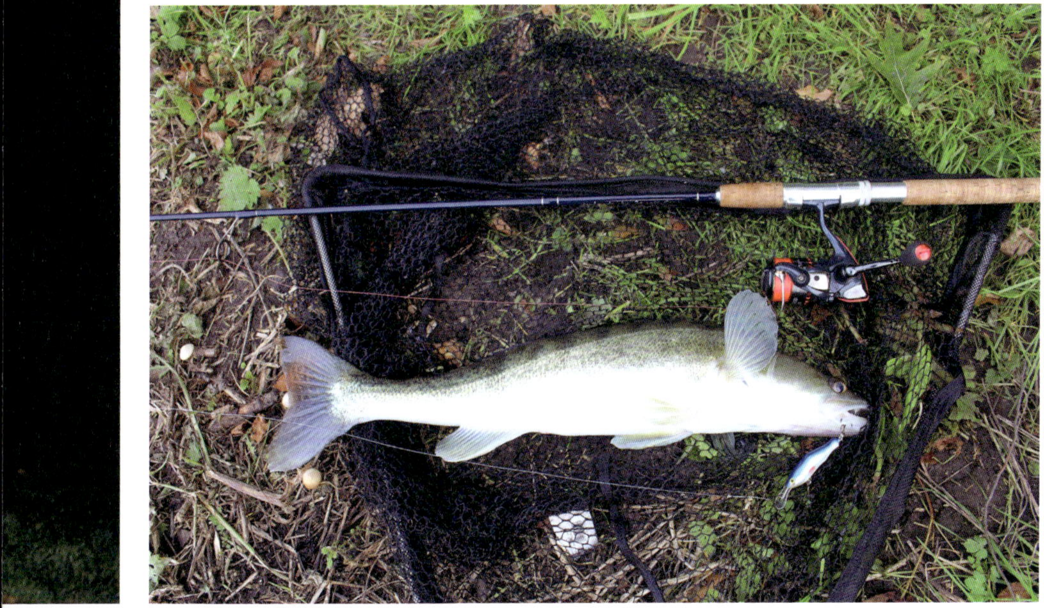

Gut erkennbar: grell eingefärbte multifile Schnur

Feuchtigkeit und Trockenheit ihre Elastizität und Tragkraft. Auch sollte man Ersatzschnur nicht daheim (auch nicht im dunklen Keller) lagern, sondern sich beim Fachhändler des Vertrauens zu Beginn einer neuen Angelsaison frische aufspulen lassen.

GEFLOCHTENE SCHNUR

Von monofiler Schnur unterscheidet sich geflochtene in erster Linie dadurch, dass sie aus mehrere Fasern gewickelt bzw. geflochten ist. Da es viele unterschiedliche geflochtene Schnüre gibt, ist es für Einsteiger empfehlenswert, sich erst nach dem Sammeln ausreichender Erfahrung mit monofiler Schnur die für ihre Bedürfnisse passende Geflochtene beim Fachhändler aufspulen zu lassen. Fischt man allerdings an sehr zanderreichen Gewässern, so sollten auch Einsteiger von vornherein zu geflochtener Schnur greifen, denn aufgrund ihrer Dehnungsfreiheit ist sie zum Spinnfischen auf diese hartmäuligen Fische ideal. Eine preisgünstige und gute Geflochtene ist *FireLine* der Firma *Berkley*. Von monofiler Schnur unterschei-

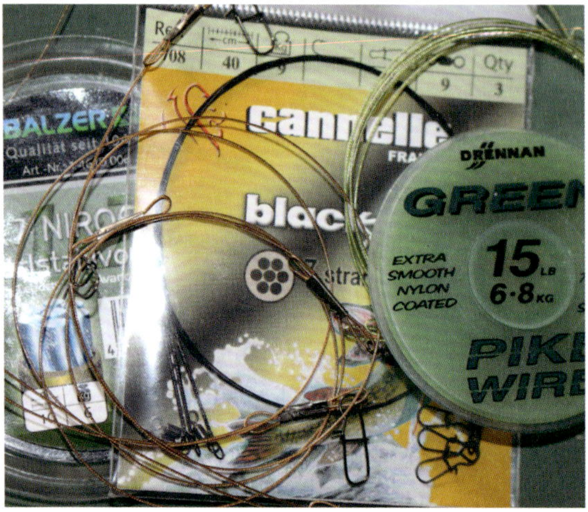

Stahlvorfächer sind überall dort „Pflicht“, wo mit Hechtbissen gerechnet werden muss.

det sich geflochtene durch sechs Eigenschaften: 1. Sie weist keine Dehnungsfähigkeit auf. 2. Sie hat bei geringem Durchmesser eine extrem hohe Tragkraft. 3. Aufgrund ihres geringen Durchmessers sind mit ihr weitere Würfe möglich. 4. Sie ist sehr gut fürs Spinnfischen geeignet , denn mit ihr kann man auch leichte Köder gut werfen und führen. 5. Sie ist gegen Umwelteinflüsse (UV-Licht) beständig und hat eine extrem lange Lebensdauer (mehrere Jahre). 6. Sie überdehnt im Drill und bei Hängern nicht.

STAHLVORFÄCHER

Zwar kann man auf einen sicheren und glücklichen Sitz des Hakens im Außenbereich des Hechtmauls hoffen und ohne Stahlvorfächer fischen, doch gibt es keine Alternative zu Stahlvorfächern. Für verantwortungsbewusste und waidgerechte Angler ist die Verwendung eines Stahlvorfaches daher überall dort „verpflichtend“, wo mit den Bissen von Hechten gerechnet werden kann. Beim Spinnfischen reichen Stahlvorfächer von 40 bis 50 Zentimetern Länge, da die Hechte den Köder nicht tief schlucken und zumeist im vorderen Bereich des Maules gehakt werden, sodass ihre scharfen Zähne nicht mit der geflochtenen oder monofilen Hauptschnur in Berührung kommen.

WIRBEL UND KARABINER

Wirbel und Karabiner sind klein und unscheinbar. Trotzdem kommt ihnen (in Kombination mit dem Spinnköder bzw. dem Vorfach) eine extrem wichtige Bedeutung zu, denn sie verbinden die Schnur mit dem am Spinnköder gehakten Fisch. Wer beim Kauf von Wirbeln und Karabinern spart, der spart im wahrsten Sinne des Wortes am falschen Ende.
Beim Spinnfischen kommen sowohl Tönnchenwirbel als auch Tönnchen-Karabinerwirbel zum Einsatz. Tönnchenwirbel werden am oberen Ende des Vorfaches mittels eines doppelten Clinchknotens befestigt. Karabinerwirbel kommen ans untere Ende und dienen zur Befestigung von Spinnködern; wird mit Wobblern gefischt, verzichtet man am unteren Vorfachende auf einen Karabinerwirbel und verwendet stattdessen einen einfachen Karabiner; dasselbe gilt für Twister und Shads, die man – wenn es nicht auf Hechte geht! – sogar direkt an ein

Vorfach aus monofiler Schnur knoten kann (doppelter Clinchknoten).
Die wichtigste Aufgabe eines Wirbels besteht darin, die Hauptschur und das Vorfach vor Drall zu schützen; deshalb sind Wirbel beim Einsatz vor schnell rotierenden Kunstködern (besonders Spinnern) enorm wichtig und durch nichts zu ersetzen.
Neben der Stabilität des Tönnchens ist die Verarbeitung des Karabiners ein wesentliches Qualitätsmerkmal von Wirbeln. Leider halten viele Wirbel nicht das, was ihre Hersteller versprechen. Wer kein Risiko eingehen möchte, der experimentiert nicht lange mit den vielen unterschiedlichen Wirbelformen, sondern greift von vornherein zu Tönnchenwirbeln mit sog. Crosslock-Karabinern, bei denen man die Garantie hat, dass sie sich dank ihres doppelten Verschlusses (Kreuzverschluss) unter Zug weder öffnen noch verformen.

Zum Fischen mit Wobblern genügen Karabiner.

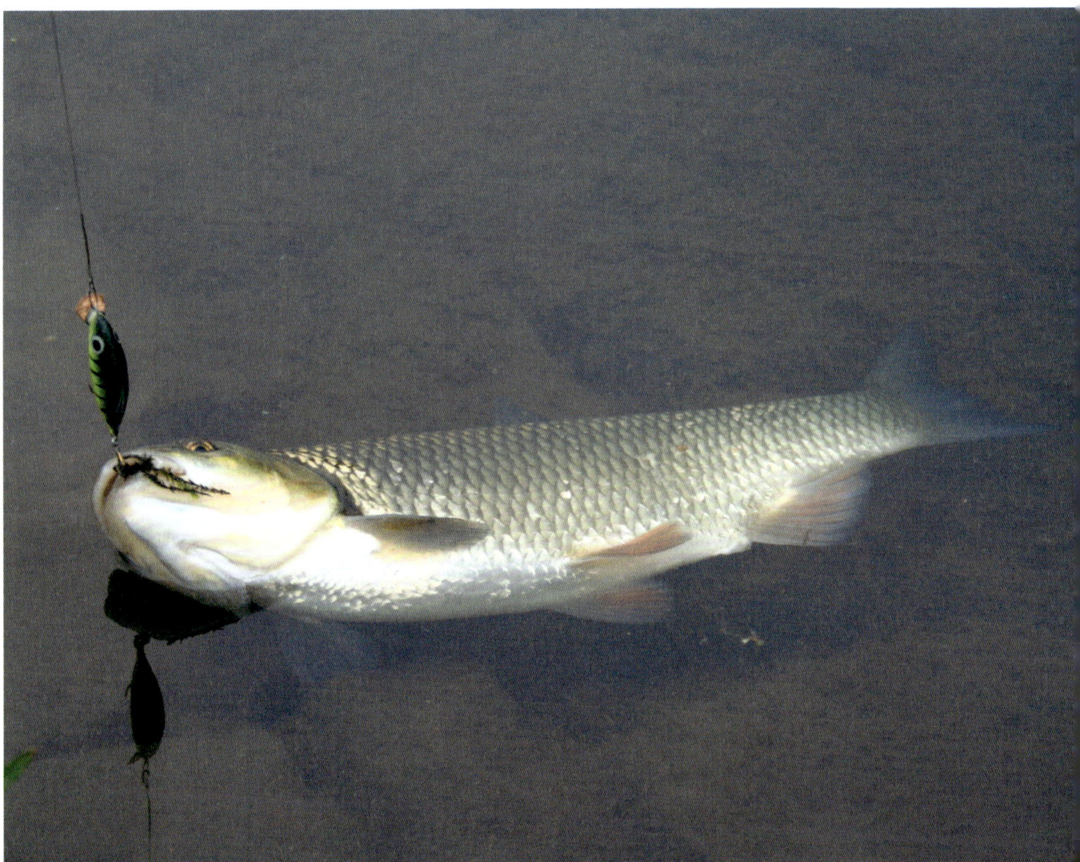

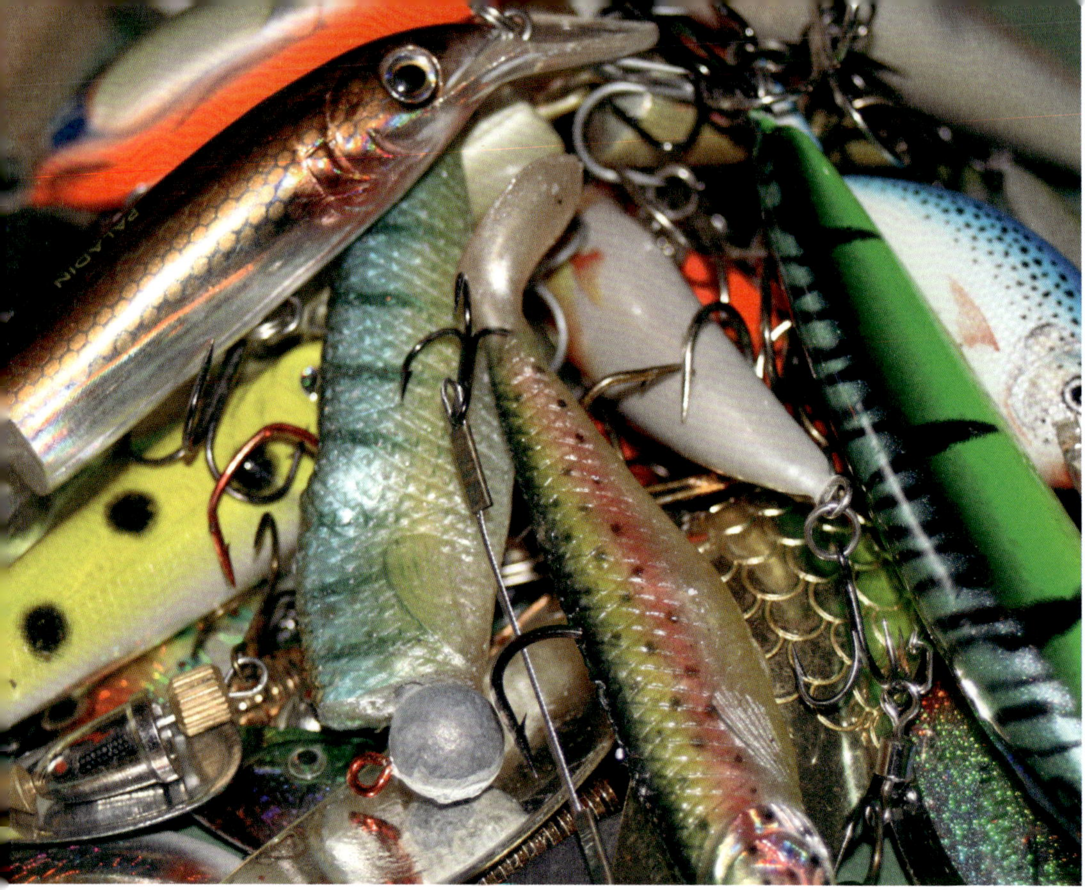

Die Auswahl an Kunstködern ist schier unerschöpflich.

WAS IST FLUOROCARBON?

Bei Fluorocarbonschnüren handelt es sich um sehr weiche und fast gummibandähnliche monofile Schnur, die aufgrund ihrer angeblichen Unsichtbarkeit sowie ihrer Pufferwirkung von vielen Anglern als Vorfachmaterial hoch geschätzt wird. Ein Vorfach aus Fluorocarbon nimmt in der kritischen Phase der Landung die Steife aus der geflochtenen Hauptschnur und verhindert so, dass ein gehakter Raubfisch durch Ausschlitzen des Hakens kurz vor dem Kescher entkommen kann. Da Fluorocarbonschnüre weit weniger Tragkraft als geflochtene Schnüre aufweisen, muss ein Vorfach aus wesentlich dickerer Fluorocarbonschur vor eine geflochtene Hauptschnur geschaltet werden (z. B. 35er Fluorocarbonvorfach an 0,15er geflochtene Hauptschnur).

SPINNKÖDER

Aus der riesigen Menge von Spinnködern den jeweils richtigen herauszufinden, ist für Einsteiger ein sehr schwieriges Unterfangen. Mit den beiden klassischen Ködertypen Blinker und Spinner liegt man jedoch in den seltensten Fällen falsch und beide Modelle gehören in die Box eines jeden Spinnfischers. Kommen dann noch ein paar Wobbler und Gummiköder hinzu, so ist man für die erste Saison als Spinnfischer sehr gut ausgerüstet.

BLINKER

Spinner und Blinker sind in ihren Grundtönen silbern, golden oder kupferfarben. Diese drei Farbtypen genügen gewöhnlich, um für alle Lichtverhältnisse und Wassertrübungen stets den richtigen Köder bei der Hand zu haben. Silberne Blinker und Spinner werden in stark getrübtem oder im klaren Wasser sowie bei bedecktem Himmel eingesetzt, goldene und kupferfarbene verwendet man bei schönem Wetter und bei klarem Wasser. Für Spinnköder gilt die Faustregel: helle Farben bei schlechtem Wetter, gedeckte Farben bei Sonnenschein.
Blinker sind Klassiker zum Raubfischfang und werden von fast allen namhaften Geräteherstellern produziert. Trotz vieler Varianten gibt es im Grunde nur zwei klassische Formen, nämlich den gedrungenen dickwandigen Löffelblinker, dessen Grundform der sog. FZ-Blinker ist, und den länglichen und an eine Fischform erinnernden Blinker, dessen Urform der Heintz-Blinker darstellt. Beide Klassiker kamen vor mehr als hundert Jahren auf den Markt und haben seitdem nichts von ihrer Fängigkeit eingebüßt. Löffelblinker sind für das Fischen in stehenden und sehr langsam fließenden Gewässern gemacht. Es gibt sie in Gewichtsklassen zwischen sechs und etwa 60 Gramm, wobei die kleinsten für das Spinnfischen auf Forellen, Barsche und Döbel gebaut werden und die schwersten Ausführungen zum Schleppfischen vom Boot auf Großhechte, Waller oder Seeforellen gedacht sind und somit in den Gerätekisten der meisten Spinnfischer (und erst recht der Einsteiger) nicht vermisst werden. Für das Spinnfischen auf Hechte sind Löffelblinker zwischen 16 und 22 Gramm ideal.
Zum Fang von Hechten, Barschen und Welsen bedürfen löffelförmige Blinker einer möglichst langsamen

Löffelblinker sind wunderbare Hechtköder für stehende Gewässer.

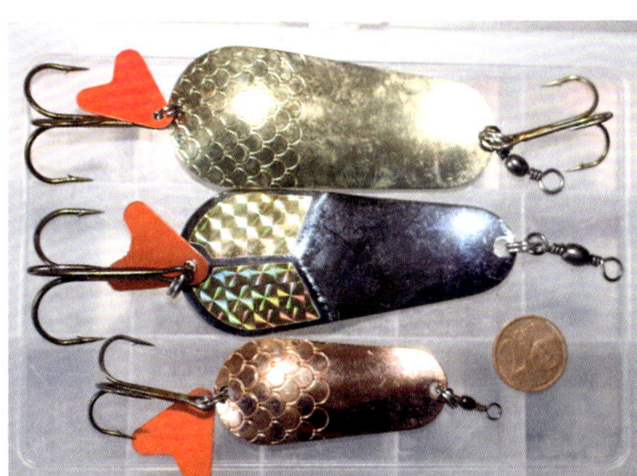

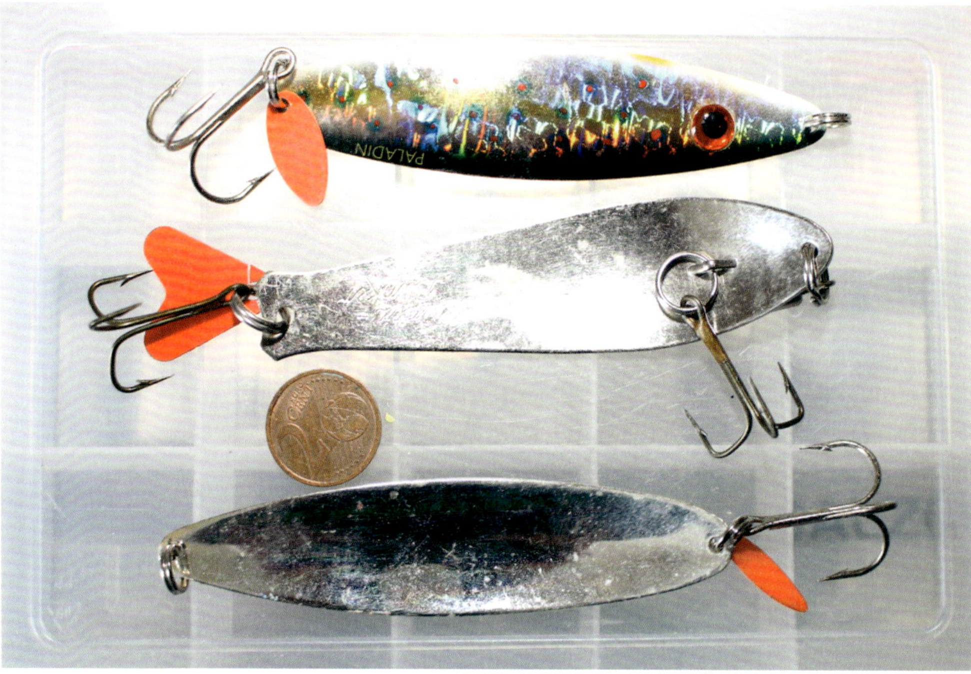

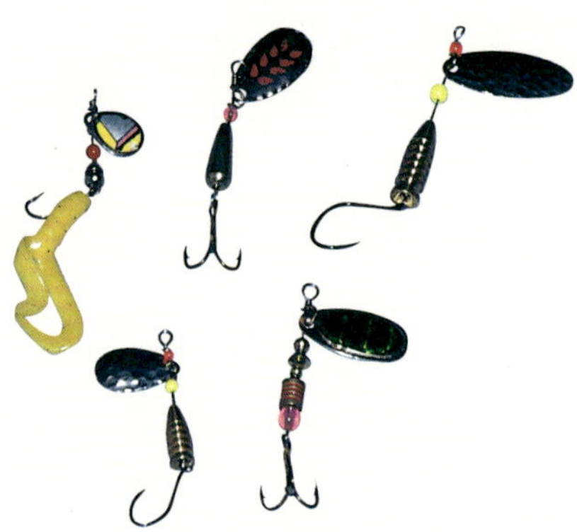

1. Schlanke Blinker sind für Fließgewässer sowie zum Fang von Meerforellen an der Küste gedacht.

2. Kleine Spinner sind hervorragende Köder für Barsche und Forellen.

Führung, denn sie sollen ein angeschlagenes Fischchen imitieren. Gemächlicher Führungsstil bedeutet, dass die Wahl des passenden Blinkers im richtigen Verhältnis zur Tiefe des zu befischenden Gewässers stehen muss. Leichte Blinker in Gewichtsklassen unter 20 Gramm kommen daher nur in (stehenden und langsam fließenden) Gewässern mit maximalen Tiefen von 2,5 bis 3,5 Metern in Betracht, während Modelle von 30, 40 oder sogar 60 Gramm für sehr tiefes Wasser (Talsperren, Gebirgs- und Stauseen) gedacht sind. Nach dem Auftreffen auf die Wasseroberfläche lässt man den Blinker (bei geschlossenem Bügel der Stationärrolle) zunächst absinken und beginnt dann mit dem langsamen Einholen. Die eigentliche Führung des Blinkers übernimmt man, indem man ihm während des Einkurbelns durch leichte Bewegungen der Rutenspitze (Heben und Senken) flatternde Bewegungen verleiht. Dabei ist es wichtig, sich stets vor Augen zu halten, dass der Blinker ein krankes oder angeschlagenes Fischchen vortäuschen soll. Gelegentliche Stopps erhöhen daher die Fängigkeit eines Löffelblinkers ungemein.

Schlanke Blinker sind für das Angeln in fließendem Wasser gemacht und kommen daneben auch zum gezielten Spinnfischen auf Meerforellen (als sog. Meerforellenblinker) in Nord- und Ostsee zum Einsatz. Durch sein relativ hohes Eigengewicht eignen sich diese Blinker sehr gut zum Befischen grundnaher Strukturen in rasch fließenden Flüssen und Bächen (tiefe Ausspülungen, Gumpen, Bodentrichter usw.). Aufgrund ihrer schlanken Form und der vom Angler anvisierten Zielfische (kapitale Bachforellen, Döbel und Huchen), verlangen längliche Blinker eine andere Führung als Löffelblinker, denn sie sollen schnell schwimmende Futterfischchen imitieren (Lauben, kleine Forellen bzw. Äschen). Nach dem Auftreffen auf

DIE COUNTDOWN-METHODE

Um beim Fischen mit Blinkern, Spinnern, Twistern, Shads und sinkenden Wobblern Raubfische in den unterschiedlichen Schichten stehender Gewässer aufzuspüren, bedient man sich der sog. Countdown-Methode. Dabei zählt man nach dem Auftreffen des Spinnköders auf die Wasseroberfläche bei gestraffter Schnur gleichmäßig, bis der Köder den Grund erreicht hat (was durch Erschlaffen der Schnurspannung signalisiert wird). Erreicht der Köder beispielsweise bei zehn den Grund, wird beim zweiten Wurf bei neun mit dem Einkurbeln der Schnur begonnen, beim dritten Wurf bei acht usw. Anwendbar ist die Methode sowohl vom Ufer als auch vom Boot aus.

Wichtig ist es, den Schnurfangbügel der Stationärrolle sofort nach dem Auftreffen des Köders auf die Wasseroberfläche zu schließen, denn nicht selten schnappen sich Zander oder Barsche einen Kunstköder während der Absinkphase. Am besten kontrolliert man das Herabsinken des Köders, indem man die Schnur zwischen Daumen- und Zeigefinger fasst, so verpasst man keinen Biss und kann jede Attacke augenblicklich mit einem Anhieb quittieren.

die Wasseroberfläche beginnt man mit dem Einholen und verzichtet (außer in tiefem und von Hindernissen freien Gewässern) auf Unterbrechungen (Spinnstops). Die Einholgeschwindigkeit sollte in einem vernünftigen Verhältnis zur Fließgeschwindigkeit des Wasser stehen, nie aber so schnell sein, dass der Blinker direkt unter der Oberfläche läuft oder gar aus dem Wasser zu springen droht. Möchte man in tieferen Gewässern den Blinker lange in Grundnähe halten, so muss man ihn mit der Strömung führen, also gegen die Stromrichtung auswerfen.

STEHEN ODER GEHEN?

Beim Spinnfischen ist in den seltensten Fällen Eile geboten. Oft lohnt es sich, auf seiner Tour ein paar Würfe mehr an einer Angelstelle zu machen, denn mitunter verleitet man so auch appetitlose Raubfische doch noch zu einer Attacke. An manchen Plätzen kann es sich auch lohnen, auf vorbeiziehende Raubfische zu warten. Geduld wird jedoch nur dort belohnt, wo durch äußere Einflüsse kurzfristige Veränderungen des Gewässers oder des Nahrungsaufkommens für Raubfische stattfinden. Solche Situationen treten z. B. im Bereich von Schleusen ein, wenn der Schleusenbetrieb den Wasserstand eines Fließgewässers oder Kanals für einige Minuten verändert. Plötzlich steigende Pegel bringen dann besonders Barsche und Zander in Fresslaune. An stehenden Gewässern kann sich beispielsweise ein Warten auf umherziehende Raubfische während der Abenddämmerung an den Ein- und Ausgängen von Verbindungsstichen lohnen.

SPINNER

Neben Blinkern zählen Spinner zu den beliebtesten Kunstködern überhaupt. Ihr Vorteil gegenüber anderen Kunstködern liegt in ihrem zweifachen Reiz: Zum einen werden sie von den Raubfischen optisch wahrgenommen und zum anderen vermittelt ihr auf der starren Achse rotierendes Blatt während des Einkurbelns Druckwellen und Schwingungen, die von den Fischen mit ihrem Seitenlinienorgan erfasst werden. Je größer das Spinnerblatt ist, umso größer erscheint dem Raubfisch das vorgetäuschte Beutefischchen. Gewöhnlich werden Spinner in sechs Größen produziert, die von 0 bis 5 reichen, wobei die Nummern 0 bis 2 für das Angeln auf Forellen in kleinen Bächen, 3 fürs Barschangeln und 4 bis 5 für die Jagd auf Rapfen und Hechte eingesetzt werden. Spinner sind ideale Köder für Anfänger, denn ihr Einsatz erfordert wenig Raffinesse. Nach dem Auswerfen lässt man sie kurz absinken und beginnt erst dann mit dem stetigen Einkurbeln. Je langsamer die Einhohlgeschwindigkeit gewählt wird, desto tiefer und ruhiger läuft der Spinner; schnelle Kurbelumdrehungen lassen ihn in Oberflächennähe laufen, langsame in Grundnähe. Das Spinntempo richtet sich dabei auch nach der gewünschten Zielfischart. Hechte und Barsche mögen (besonders im Herbst und Winter) langsam geführte, d. h. tief laufende und ruhig rotierende Spinner. Forellen

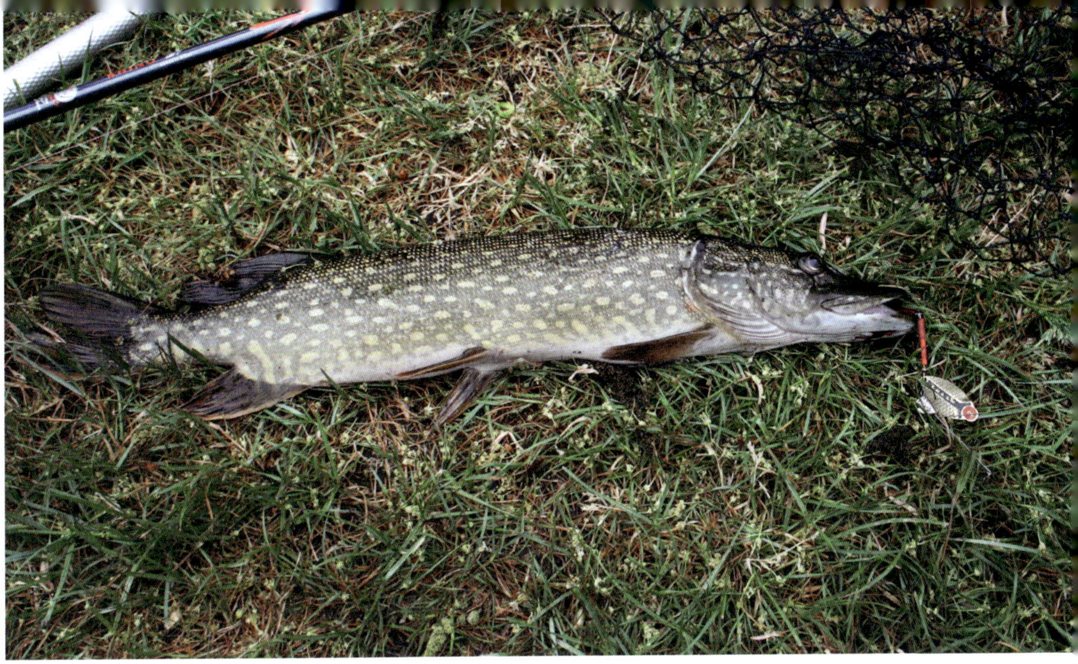

1

hingegen gehen lieber auf flott geführte Köder.
Aufgrund ihres rotierenden Blattes neigen Spinner dazu, die Schnur zu verdrallen. Um dies zu verhindern muss stets ein Wirbel vor den Spinner geschaltet werden. Befindet sich ein Tönnchenwirbel am oberen Ende des Vorfaches und ein Tönnchenkarabinerwirbel am unteren und damit direkt am Spinner, ist die Gefahr des Dralls gebannt.
Grundsätzlich unterscheidet man zwischen Spinnern für fließende und stehende Gewässer. Modelle mit einem runden Blatt kommen im stehenden oder langsam fließenden Wasser zum Einsatz, während solche mit einem länglichen Blatt in Flüssen und Bächen eingesetzt werden, weil ein schmales Blatt dem strömenden Wasser weniger Angriffsfläche bietet.

1. Hat ein Spinner etwas Farbe (Rot oder Gelb) zu bieten, so mögen Hechte ihn noch lieber.

2. Spinner mit rundem Blatt für stehende und schlankem Blatt für fließende Gewässer.

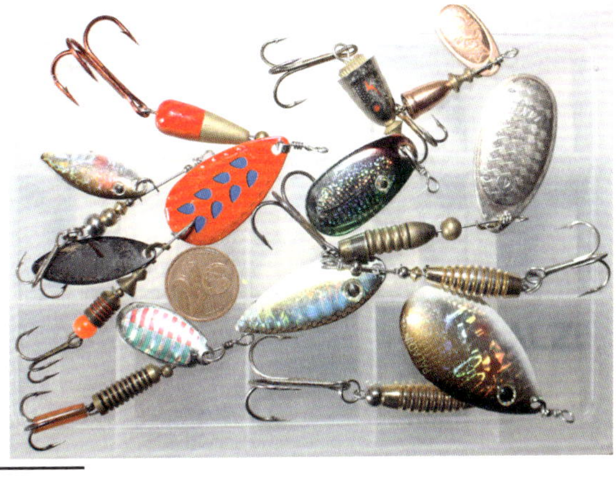

2

WOBBLER

Aus der Menge der unterschiedlichen Wobbler den für das jeweilige Gewässer und die zu beangelnden Zielfische richtigen zu finden ist nicht leicht, denn Wobbler gibt es in unzähligen Farben, Formen und Designs. Um etwas Ordnung in die verwirrende Menge zu bringen, hier zunächst eine Grundtypisierung: Alle Wobbler haben eine Tauchschaufel, die bestimmt, wie tief ein Wobbler taucht bzw. läuft. Es gibt schwimmende und sinkende Modelle. Beide Formen sind als einteilige oder mehrteilige Wobbler (sog. Gliederwobbler) erhältlich. Man unterscheidet schwimmende und sinkende Wobbler. Schwimmende Wobbler bleiben solange auf der Wasseroberfläche, bis man mit dem Einkurbeln beginnt. Sinkende gehen nach dem Wurf aufgrund ihres Eigengewichts unter. Über die Tauchtiefe und die Laufeigenschaften eines Wobbelers ent-

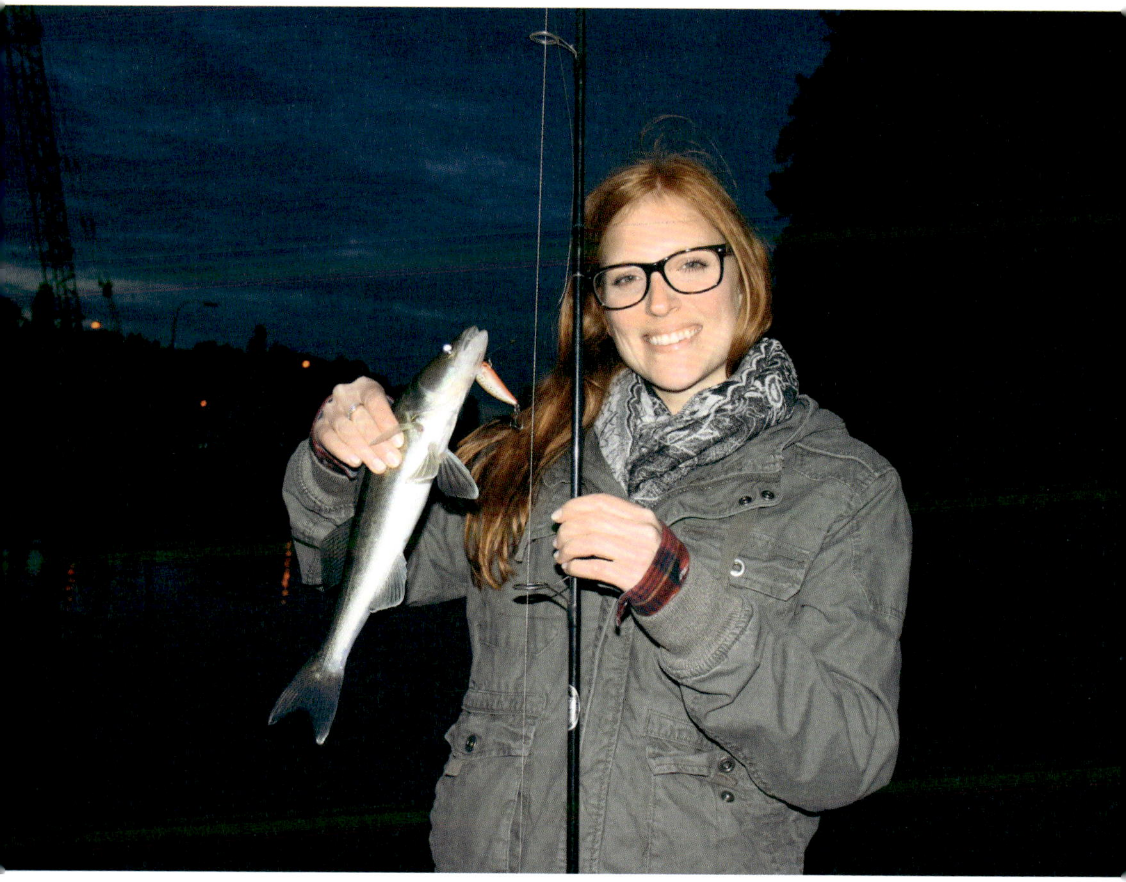

scheidet die Form und Stellung seiner Tauchschaufel. Ist sie breit und kurz, läuft der Wobbler flach und aggressiv, ist sie lang und schmal, taucht er tief und läuft ruhig. Dies gilt sowohl für schwimmende wie auch für sinkende Modelle.
Weiß man, wann und wo man auf welche Fischart angeln möchte, ist die Wahl des passenden Wobblers eigentlich einfach. Möchte man beispielsweise in einem stehenden, trüben und flachen Baggersee an einem Sommerabend Hechte, Zander und Barsche beangeln, ist ein zehn Zentimeter langer kugelförmiger Wobbler in auffälliger Färbung (durchaus rot oder gelb) mit kurzer und breiter Tauchschaufel ein wunderbarer Spinnköder, denn ein solcher Wobbler macht im trüben Wasser sowohl optisch als auch akustisch auf sich aufmerksam und läuft auch wie gewünscht in Oberflächennähe. Seine rundliche Form ist im stehenden Wasser ideal, da

1. Wobbler zählen zu besten Spinnködern, verlangen aber etwas Führungsgeschick.

2. Wobbler gibt es in vielen Farben und Formen.

1

2

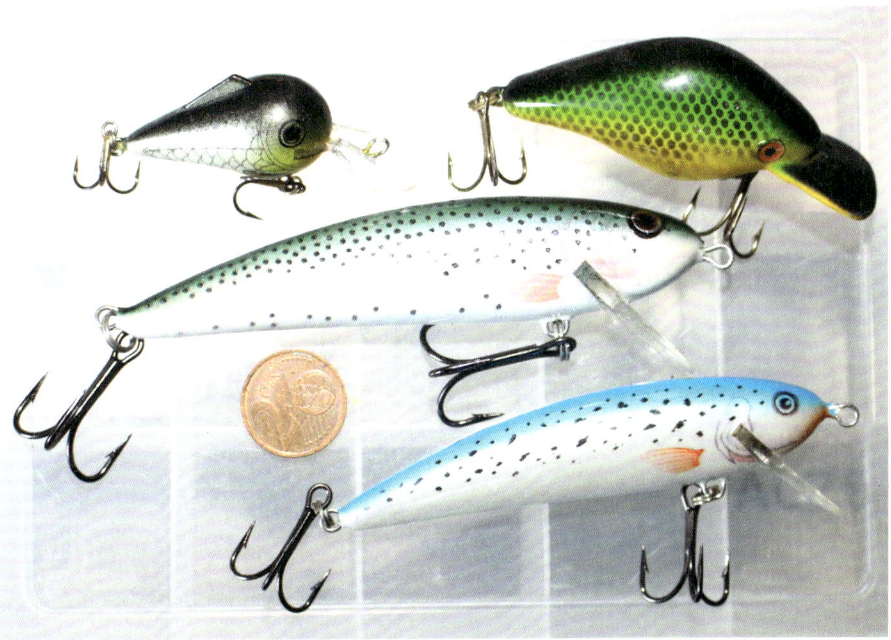

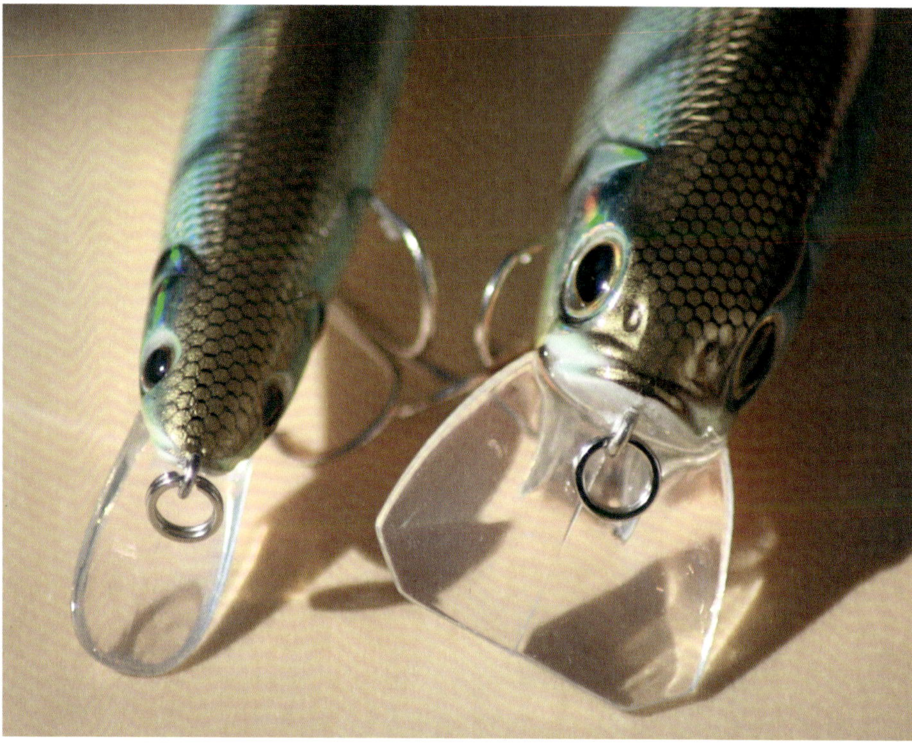

Wobbler mit breiter Schaufel sind Flach-, solche mit schmaler Schaufel Tiefläufer.

man hier nicht mit störenden Strömungen rechnen muss, die einen voluminösen Wobbler erfassen und aus seiner gewünschten Bahn treiben würden. Will man hingegen an einen strahlend schönen Sommermittag in einem glasklaren Fluss auf Forellen und Döbel fischen, greift man zu einem etwa fünf bis sieben Zentimeter kleinen und schlanken Wobbler mit schmaler Tauchschaufel, dessen Design sich an dem eines echten Fischchens (z. B. einer Bachforelle oder einem Gründling) orientiert. Bedingt durch das rasch fließende Wasser des Flüsschens wählt man ein sinkendes Modell und wirft es gegen die Strömung, damit es beim Einholen verführerisch im Grundnähe (eben dort, wo sich Forellen und Döbel während des Tages aufhalten) läuft.

SCHWIMMENDE WOBBLER

Schwimmende Wobbler gibt es sowohl in tieflaufender Version als auch in flachlaufender Ausführung. Gefertigt werden Schwimmwobbler entweder aus Kunststoff oder Balsaholz. Viele Modelle aus Kunststoff sind innen hohl und werden oft mit Rasselkugeln ausgestattet. In tieferen Gewässern sind Flach-

läufer reine Frühjahrs- und Sommerköder, denn im Herbst und Winter stehen die Raubfische in tieferen Gewässerschichten und ihre Reviere können von diesen Spinnködern nicht mehr erreicht werden. In flachen Gewässern, wie z. B. Torfstichen und Entwässerungspoldern, sieht es im Herbst und Winter natürlich anders aus, dort sind Flachläufer das ganze Jahr hindurch Top-Köder. Geführt werden flachlaufende Wobbler, indem man sie durch zügiges Einkurbeln auf etwas Tiefe bringt und danach das Tempo variiert (mal etwas zügiger, dann langsamer, nach einer zügigen Passage eine kurze Pause einlegt etc.). Der Umstand, dass man mit ihnen im Frühjahr und Sommer fischt, macht ein recht flottes Fischen möglich, denn im warmen Wasser sind die Raubfische aktiv und beißfreudig, was im Winter meist nicht der Fall ist, dann stehen sie tief und gehen eher auf behäbig geführte Tiefläufer.
Die rutschbahnförmige Stellung der Tauchschaufel von Tiefläufern sorgt dafür, dass der Wobbler tiefer taucht als ein Oberflächenwobbler mit fast gerader Tauchschaufel. Schwimmende Tiefläufer bekommt man also nur auf die gewünschte Tiefe, wenn man sie sehr weit auswirft, denn sie brauchen eine gewisse Zeit (und somit auch eine gewisse Menge an eingekurbelter Schnur), bis sie auf Tiefe sind, was auch nur bei recht hohem Einzugstempo geschieht. Tieflaufende Schwimmwobbler sind im Herbst und Winter (wenn die Raubfische im tieferen Wasser bzw. in Grundnähe stehen) sehr gute Spinnköder. Allerdings nur dann, wenn sie vom Boot aus Richtung Ufer geworfen werden. Fischt man mit ihnen vom Ufer aus, erreichet man genau das Gegenteil des gewünschten Tieftaucheffekts, denn sie tauchen dann erst in Ufernähe tief und fangen so mehr Hänger als Fische.

SINKENDE WOBBLER

Sinkende Wobbler sind von Januar bis Dezember hervorragende Spinnköder für fließende Gewässer. In Seen und Talsperren sind sie eher Winterköder und werden zum Fang träger Räuber eingesetzt. Der Vorteil sinkender Wobbler liegt darin, dass man sie in großer Tiefe langsam führen kann und sie nicht wie schwimmende Tiefläufer stets auf einer gewissen Geschwindigkeit halten muss. Am besten führt man Tiefläufer langsam und stetig (ab und an von kurzen Pausen unterbrochen und/oder durch

Gliederwobbler sind in fließenden Gewässern sehr fängig.

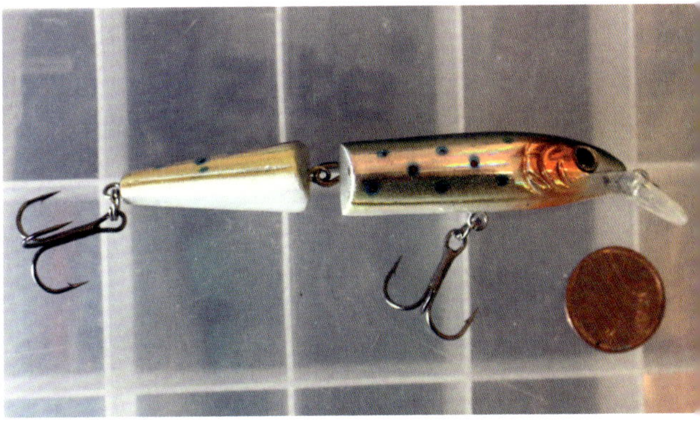

sanftes Heben und Senken der Rutenspitze). Beim Spinnfischen in Fließgewässern ist es wichtig, schlanke sinkende Wobbler zu verwenden, weil breite bzw. hochrückige Köder rasch zum Spiel der Strömung werden und sich dann nicht mehr kontrolliert führen lassen.

KUGELWOBBLER

Kugelwobbler sind reine Reizköder. Durch ihre gedrungene Form verfügen sie über eine hohe Wasserverdrängung und relativ aggressive Laufeigenschaften. Kugelwobbler eignen sich daher besonders gut für das Fischen im warmen Wasser, wenn die Raubfische aktiv sind. Sie sind jedoch nicht nur reine Sommerköder, denn bei langsamer Führung reizen sie aufgrund ihrer lebhaften Aktion auch im kalten Wasser Raubfische zum Biss. Fast alle Kugelwobbler sind Schwimmwobbler, weshalb man vor dem Einsatz auf die Stellung der Schaufel achten muss.

Kugelwobbler laufen aggressiv und sind prima Köder für den Sommer.

GUMMIKÖDER

Seit Anfang der 1980er Jahre bereichern Spinnköder aus Weichplastik (Gummiköder) den Kunstködermarkt und haben sich seitdem einen sehr guten Namen als Zander- und Barschköder geschaffen. Grundsätzlich unterscheidet man zwei Typen von Weichplastikködern: Twister und Gummifische (Shads). Beide Köderformen eignen sich hervorragend dazu, den Gewässergrund nach Raubfischen „abzuklopfen". Dabei lässt man sie

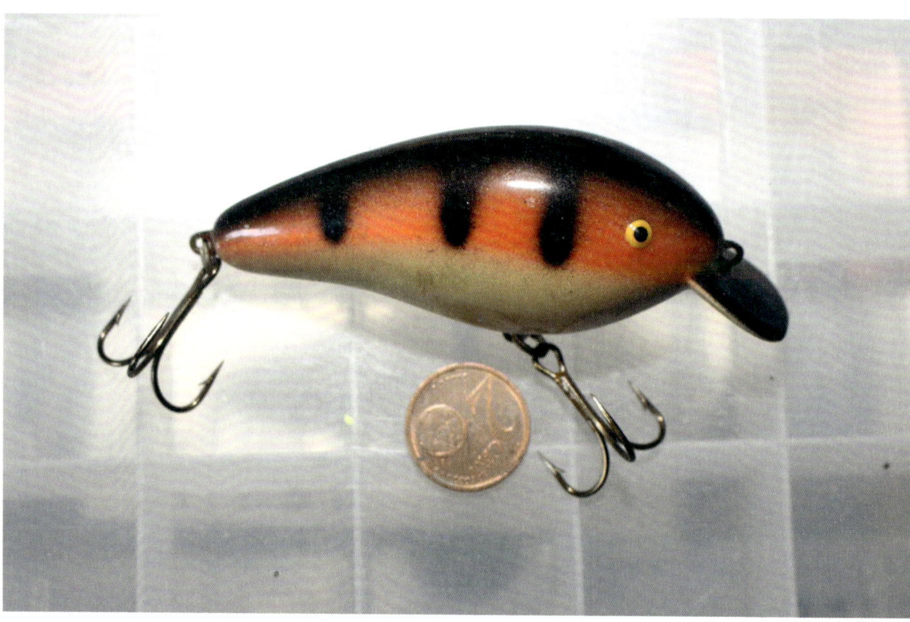

immer wieder auf den Gewässergrund aufschlagen, was dazu führt, dass sich (bei Schlamm- oder Sandböden) kleine Staubwölkchen bilden, die das Verhalten eines aufgeschreckten Kleinfisches imitieren. Geführt werden diese Bleikopfköder durch Heben und Senken der Rutenspitze während des langsamen Einholens.

TWISTER

Twister sind Gummiköder von wurmförmiger Gestalt, deren Schwanz verbreitert und sichelförmig geformt ist. Trotzdem imitieren sie keine Jungfische, sondern stellen einen Reizköder im klassischen Sinne dar. Twister zählen zu den besten Spinnködern für Barsche und Zander. Im Frühjahr sind bunte Twisterkörper (besonders rote und gelbe) Top-Köder. Im Sommer, Herbst und Winter sollte man eher zu gedeckten Farben (braun, silbern, dunkelrot) greifen. Beißt auf einfache Twister nichts, hilft oft ein Griff zu Modellen mit zwei Schwänzen (Doppelschwanztwister).

GUMMIFISCHE (SHADS)

Gummifische, sog. Shads, sind neben Wobblern die wohl besten Kunstköder zum gezielten Zanderangeln. Die Form des Schwanzes ist entscheidend für die Aktion des Köders. Tellerförmige Schwänze haben die kräftigste Aktion und eignen sich daher besonders gut für das Fischen in trübem Wasser und bei Dunkelheit, denn der reizvoll schwänzelnde Teller gibt gleichzei-

DIE FRAGE DER FARBE

Egal ob man mit Flachläufern, Tiefläufern, sinkenden oder schwimmenden Modellen angelt, neben der Größe und Form eines Wobblers spielt auch seine Farbe eine wichtige Rolle. Wobbler sind (anders als Spinner) nicht immer reine Reizköder, sondern stellen auch oft die Imitationen natürlicher Beutefische dar. Bei einem Blick auf seine Köderbox steht der Angler also nicht selten vor der entscheidenden Frage, ob er bunte Wobbler und damit recht aggressive Reizköder benutzen soll oder lieber zu Wobblern greift, die ein echtes Fischchen imitieren. Als Faustregel gilt, dass man in viel befischten Gewässern, in denen die Räuber oft schon schlechte Erfahrungen mit künstlichen Ködern gemacht haben, besser mit Wobblern fischt, die im natürlichen Design gehalten sind, während man in selten befischten Gewässern eher poppig-bunte Wobbler einsetzen sollte. Allerdings gilt auch die Devise, nach der Ausnahmen die Regel bestätigen.

Verschiedene Twister und Gummifische an Bleiköpfen

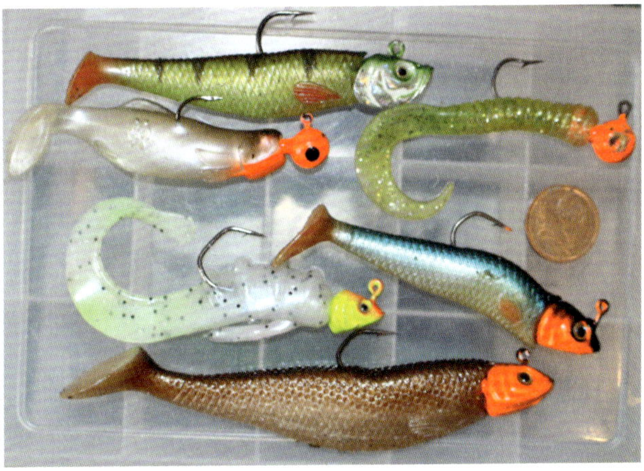

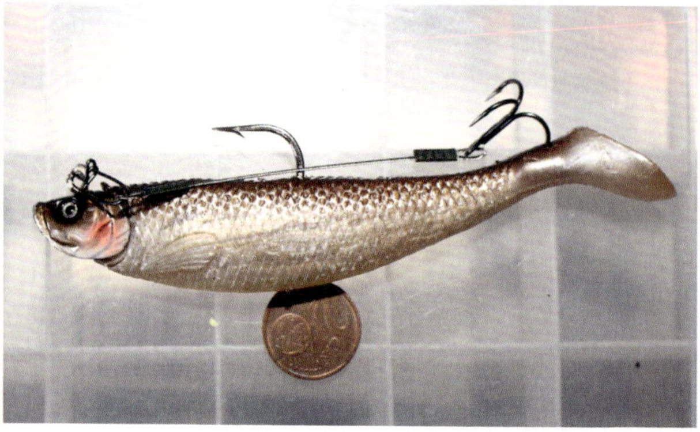

1

1. Angelt man mit größeren Gummiködern, kann ein Zusatzdrilling (Angsthaken) sinnvoll sein.

2. Shads sind sehr gute Köder zum Zanderangeln.

tig Schwingungen ab. Kunstköder mit lebhafter Aktion eignen sich auch bestens für das Angeln im Sommer und Frühherbst. Modelle mit schlankem Schwanz sind eher im Winter fängig, da sie langsamer geführt werden können. Einige Shads verfügen außerdem über in den Schwanz eingearbeitete Rasseln, die den Köder noch attraktiver machen.
Sowohl Twister als auch Shads können ihr Potenzial nur entfalten, wenn sie auf einen Bleikopfhaken (Jig-Haken bzw. Jig-Kopf) montiert werden. Die Wahl des richtigen Jig-Kopfes kann sowohl beim Angeln mit Twistern als auch beim

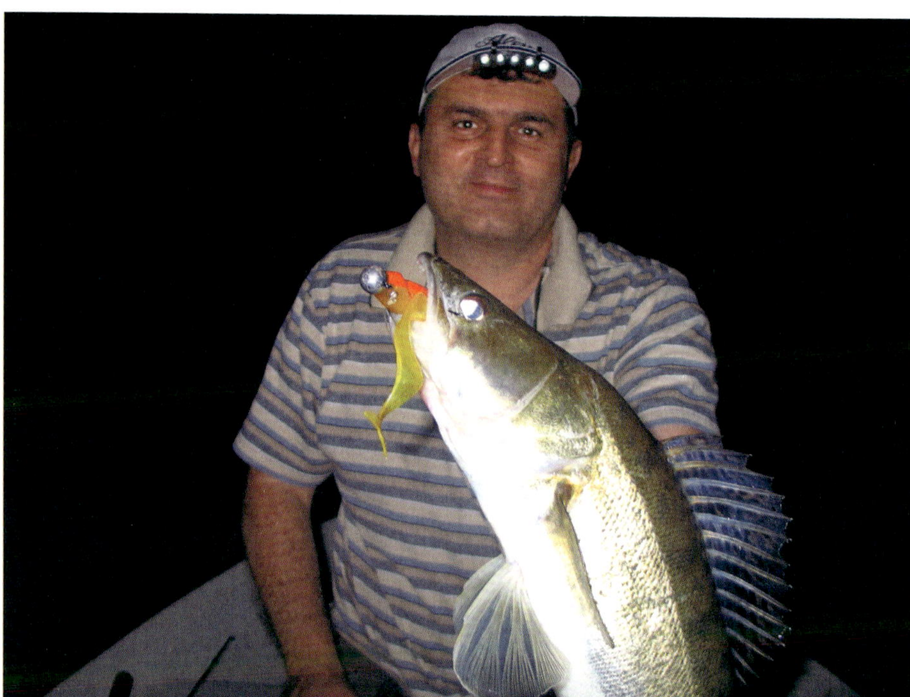

2

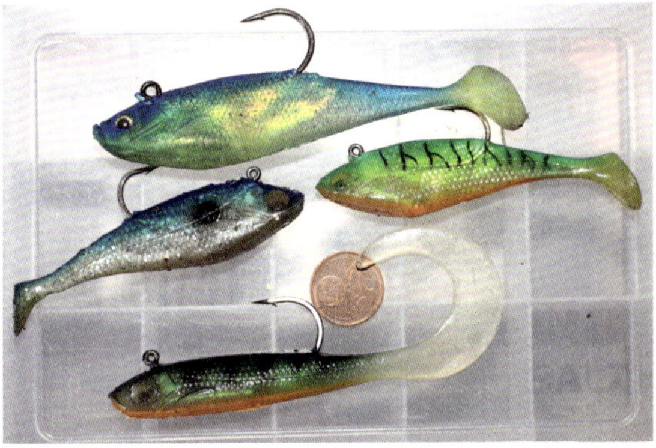

1

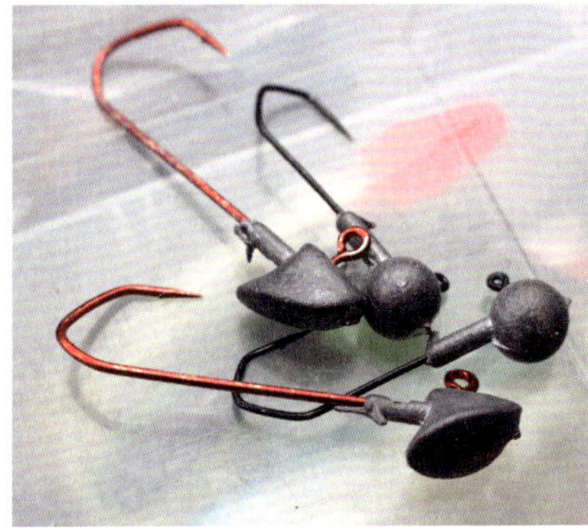

2

Fischen mit Shads fangentscheidend sein. Jig-Köpfe gibt es in unterschiedlichen Formen. Runde Köpfe eignen sich sehr gut zum Fischen in stehenden Gewässern und kommen überall dort zum Einsatz, wo die Wassertiefe nicht mehr als drei bis vier Meter beträgt. An runden Jig-Köpfen laufen die Köder am lebhaftesten, weil der kugelförmige Kopf dem Wasser sehr wenig Widerstand entgegensetzt. Bananenförmige Köpfe heben schon auf leichten Zug vom Grund ab und verleihen dem Gummiköder auch bei langsamer Führung ein äußerst lebhaftes Spiel und sind daher im Winter erste Wahl. Schlittenförmige Modelle sind für langsame Absinkphasen und kleine Sprünge gedacht. Sie eignen sich vorzüglich zum Nachtangeln über sauberem Grund. Abgeschrägte Köpfe (sog. Stand-Up-Jig-Haken) sorgen dafür, dass der Köder bei einem Spinnstop aufrecht auf dem Grund steht und so ein gründelndes Fischchen imitiert.

Seit einigen Jahren gibt es Gummifische, die das Bleigewicht im Körper tragen und so hervorragend ausbalanciert sind. Diese Köder laufen sehr gut, lassen sich weit werfen und produzieren bedeutend weniger Hänger als herkömmliche Gummifische mit vorgeschaltetem Bleikopf.

1. Manche Gummifische tragen ihr Bleigewicht im Körper.
2. Verschiedene Jig-Haken zum Aufziehen von Gummifischen und Twistern

WAS SIND NACHLÄUFER?

Als Nachläufer werden Raubfische bezeichnet, die einen Spinnköder bis zum Ufer bzw. Boot verfolgen, ohne ihn jedoch zu attackieren. Leider begehen viele Spinnfischer im Angesicht von Nachläufern den Fehler, das Tempo ihres Spinnköders zu verlangsamen, damit der Raubfisch ihn noch schnappen kann. Da jedoch kein echtes Fischchen freiwillig langsamer wird, damit der Räuber es bequemer schlagen kann, macht die Verlangsamung des Köders den Raubfisch misstrauisch und lässt ihn das Interesse verlieren. Bei Nachläufern lautet die Devise also: Den Spinnköder zu beschleunigen statt zu verlangsamen!

WANN ANGELN?

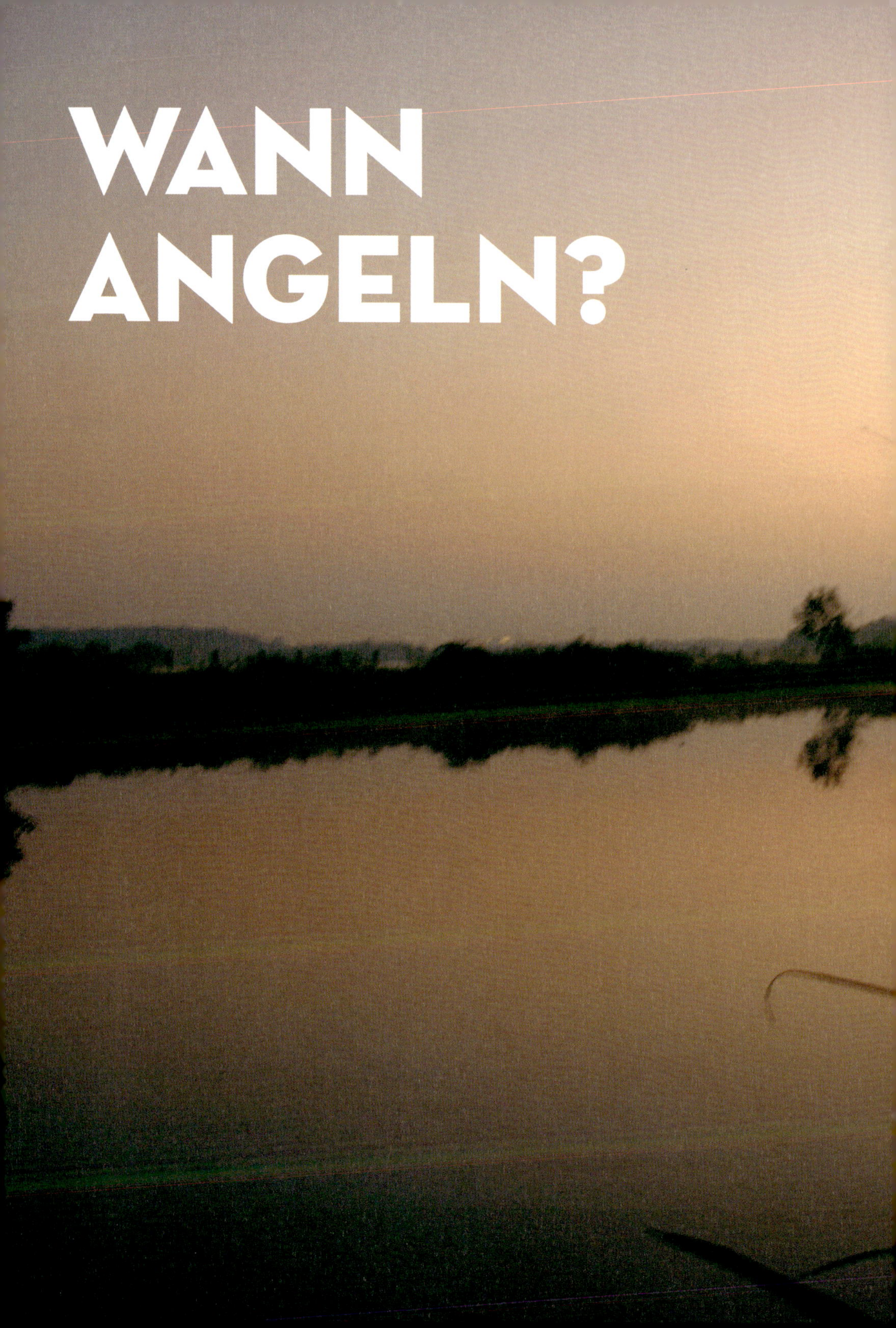

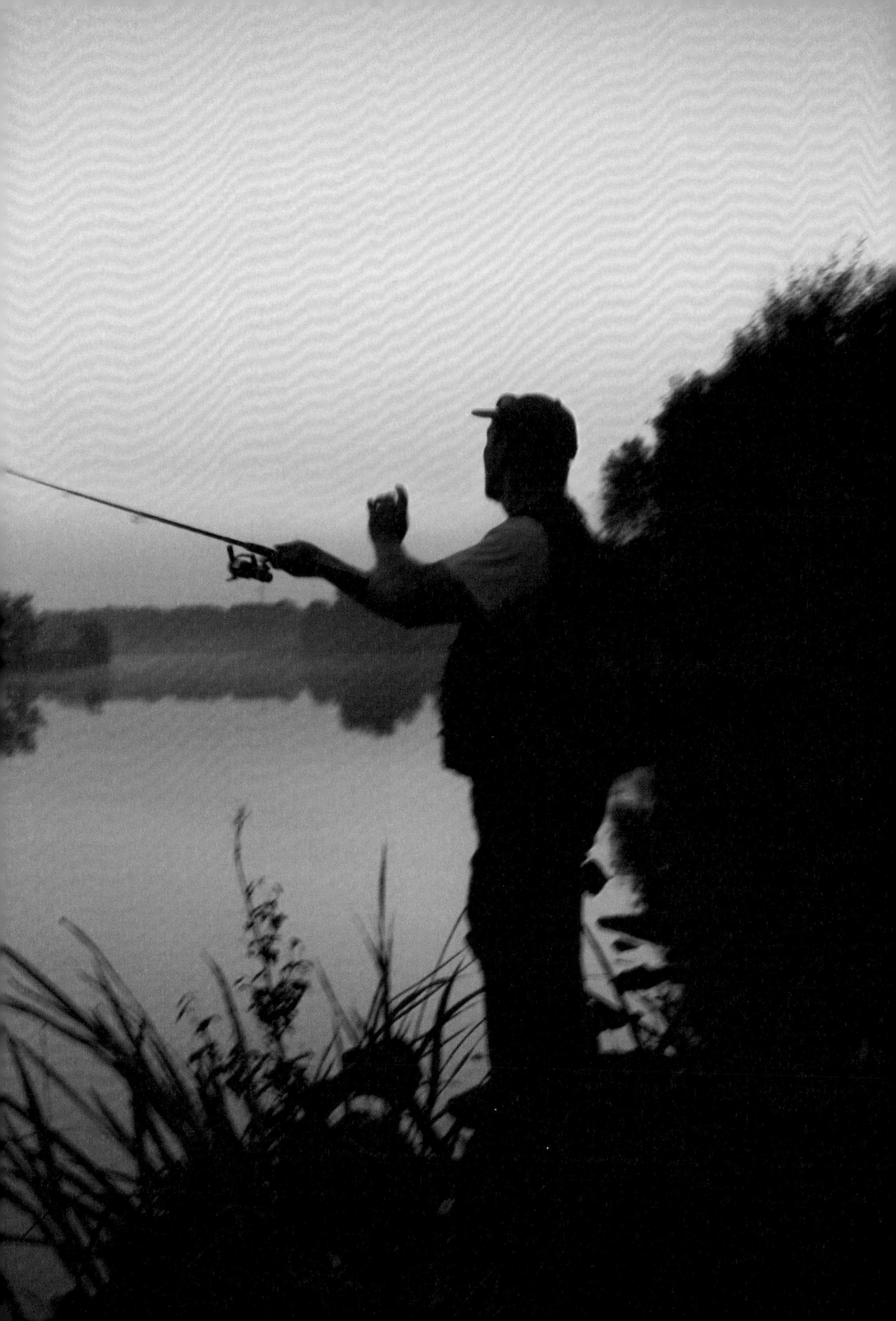

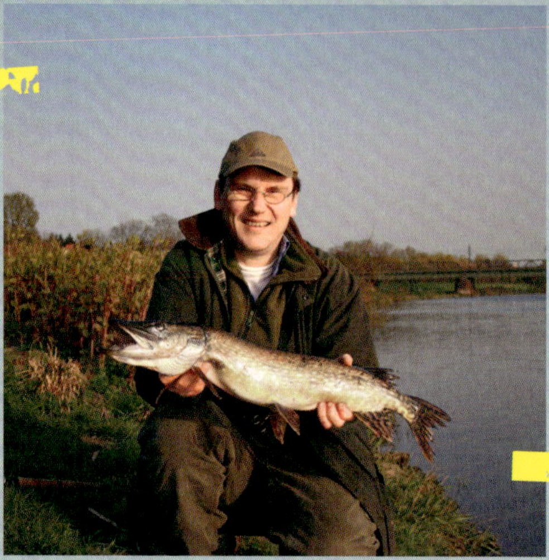

1. Die Monate mit „r“ gelten seit jeher als gute Raubfischzeit.
2. Der Mai ist der beste Angelmonat. Dann schlägt die Stunde der Spinnfischer, hier ein Barsch.

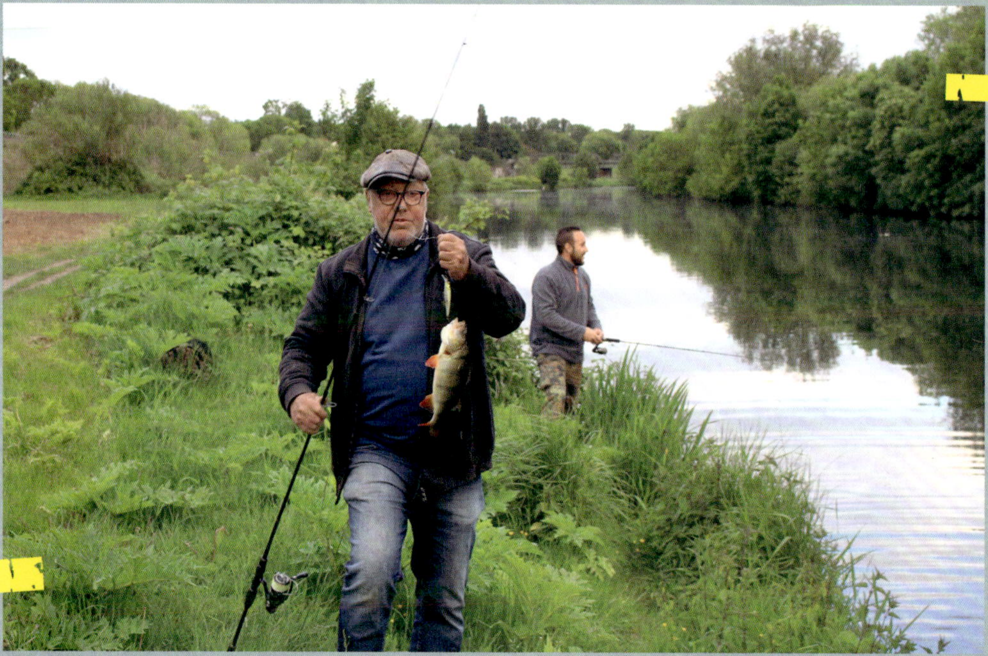

Jahres- und Tageszeit

Auf die Frage nach der besten Tageszeit zum Auswerfen der Angel gibt es viele unterschiedliche Antworten. Es hängt nämlich davon ab, zu welcher Jahreszeit man es bei welchem Wetter auf welche Zielfischart abgesehen hat.

FRÜHJAHR

Das Frühjahr, besonders der Mai, ist die Hauptsaison des Angeljahres. Dies gilt sowohl für das Angeln auf Fried- wie auch für Raubfische. Bereits im März können die ersten Sonnenstrahlen die Lebensgeister von Aalen, Karpfen und Weißfischen wecken, die nach einer langen Zeit der Winterruhe nun in die flacheren (weil wärmeren) Bereiche der Seen und Baggerseen ziehen. In Fließgewässern endet Mitte März die Forellenschonzeit, sodass Spinn- und Fliegenfischer beherzt loslegen können. Im März fischt man am besten in den Nachmittagsstunden, denn dann ist das Wasser am wärmsten. Mit den ersten echten Frühjahrstagen Ende April beginnt die wirklich gute Angelzeit. Außer Hechten und Zandern, die dann geschont sind, kann man auf alle Fischarten mit allen Angelmethoden erfolgreich angeln. Mit den länger werdenden Tagen und kürzeren Nächten lohnen sich ab Mai auch die ersten nächtlichen Ansitze auf Aale, Waller, Karpfen und Weißfische. Für Raubfischangler beginnt die eigentliche Angelsaison ohnehin erst am 1. Mai mit dem Ende der Hechtschonzeit. Hechte und Barsche sind von Mai bis Juni besonders aktiv und lassen sich in der Nähe von (dann noch unter der Wasseroberfläche befindlichen) Seerosenfeldern mit Spinnködern fangen. Am besten greift man zu mittelgroßen Spinnern (Größe 3 oder 4) und Wobblern von zehn bis zwölf Zentimetern Länge. Mit ihnen hält man sich die Chancen auf Bisse beider Fischarten offen.

SOMMER

Zu Beginn des Sommers beißen alle Fischarten recht gut. Zu den Raubfischen gesellen sich dann auch Zander, deren Schonzeit Ende Juni in den meisten Bundesländern endet. Bedingt durch das vollendete Laichgeschäft fast aller Weißfischarten, wimmelt es in den Gewässern von Jungfischen, sodass für die Raubfische die Tafel reich gedeckt ist. Die für Fische angenehmen Wassertemperaturen lassen ihren Soffwechsel und damit auch ihren Appetit auf Hochtouren laufen. Der Juni und die erste Hälfte des Juli bieten sehr gute Tage zum Feedern und Stippen auf Weißfische, Spinn- und Ansitz-

Karpfen sind, wie an der luftigen Bekleidung dieses Anglers zu erkennen, Sommerfische.

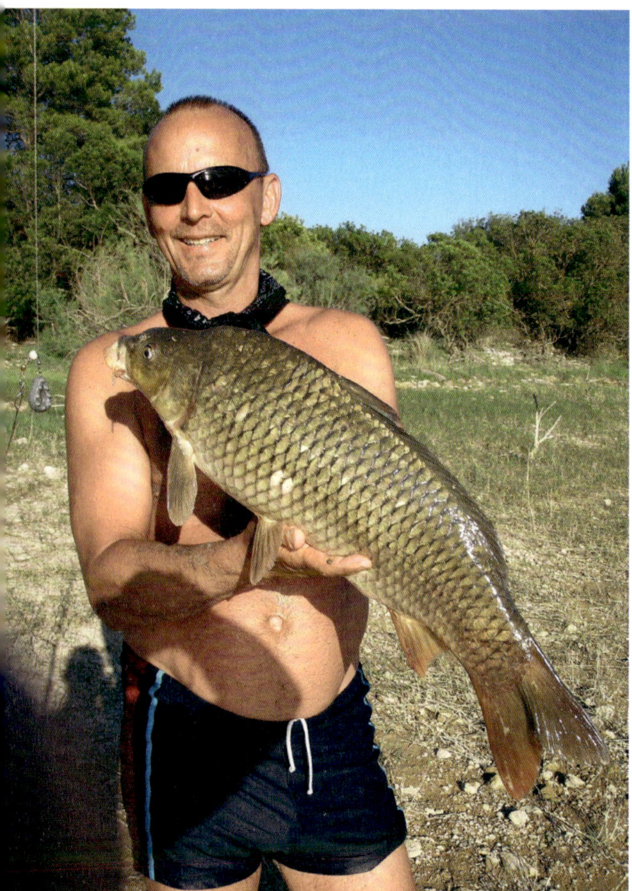

angeln auf Hechte und Barsche sowie tolle Nächte für Waller-, Aal-, und Karpfenangler.
Im Hochsommer können (je nach Hitze) lange Hundstage mit entsprechend schlechten Angelergebnissen bevorstehen. Zu warmes und somit sauerstoffarmes Wasser bereitet den Fischen arge Probleme und schlägt ihnen auf den Appetit. An Fließgewässern können niedrige Pegelstände die Situation verschärfen. Sind die sommerlichen Temperaturen hingegen moderat, so kann man sich im Juli und August auf sehr gute Fischwaid freuen. Besonders Friedfischangler sind dann in ihrem Element, denn Rotaugen, Rotfedern, Brassen und Karpfen beißen sehr gut. Gefischt werden sollte (dies gilt auch für Raubfischangler) in den Morgen- und Abendstunden, was besonders in den Sommerferien nicht nur aufgrund der Biorhythmen von Fischen zu empfehlen ist, sondern auch mit dem nachmittäglichen Badebetrieb an den Gewässern zu tun hat.
Der September ist ein wunderbarer Angelmonat für alle Raubfisch- und Karpfenangler. An Spätsommertagen können sie wahre Sternstunden erleben, denn im abkühlenden Wasser fressen die Fische sich noch einmal richtig voll, bevor sich sich auf winterliche Zurückhaltung einstellen. Besonders Forellenangler schätzen den September, weil er der letzte volle Angelmonat vor Beginn der langen Schonzeit ist.

HERBST

Oktober und November sind klassische Angelmonate für Raubfischangler. Hechte, Barsche und Zander lassen sich im zunehmend kälter (und klarer) werdenden Wasser mit Natur- und Kunstködern befischen. Spinnfischer sollten ihre Köder nun bedeutend langsamer als in den Sommermonaten führen, denn im kühlen Wasser haben die Raubfische wesentlich weniger

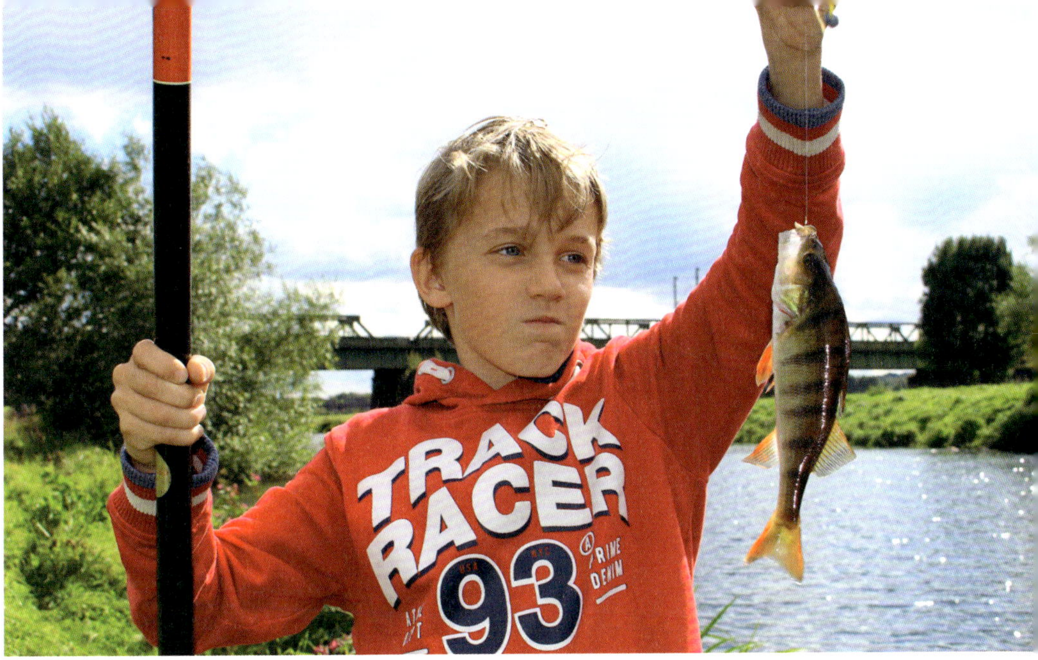

1

Energie als im warmen und verfolgen Spinner, Blinker, Wobbler und Gummiköder nicht mit derselben Ausdauer wie im Mai oder Juni. Friedfischangler können bis Ende Oktober noch immer auf gute Rotaugenfänge hoffen. Brassen, Rotfedern und Schleien sind hingegen nicht mehr sehr aktiv. Karpfen werden in nächtlichen Sitzungen noch bis Ende Oktober in guten Stückzahlen gefangen. Im November endet für die meisten Friedfischangler aber die Saison.

WINTER

Der Winter gehört nicht zu den guten Abschnitten im Kalender von Anglern. Dies hat in erster Linie damit zu tun, dass Fische wechselwarme Tiere sind und bei niedrigen Wassertemperaturen entsprechend wenig Nahrung zu

1. Die Sommerferien sind eine gute Zeit, Kinder ans Angeln heranzuführen. Dann ist Angeln oft kinderleicht. Hier biss ein Barsch beim Stippen.

2. Der Herbst ist die Top-Zeit für Raubfischangler. Dieser Zander schnappte sich einen Wobbler.

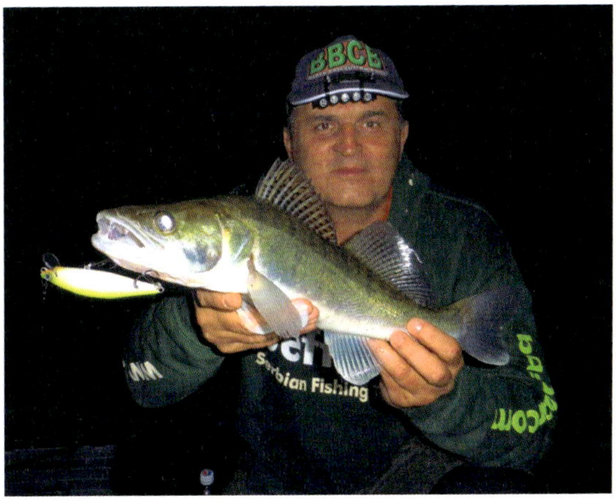

2

sich nehmen sowie ihre Bewegung weitestgehend reduzieren oder (bei manchen Fischarten) gänzlich einstellen. Doch auch hier bestätigen Ausnahmen die Regel. Es gibt nämlich auch „Winterfische", die sich bei knackiger Kälte überlisten lassen. Zu diesen Fischarten zählen in fließenden Gewässern vor allem Döbel und Quappen (Aalquappen). In stehenden Gewässern sind es Barsche und Hechte sowie gelegentlich auch Zander, die sich bei Minusgraden mit sehr langsam geführten Spinnködern oder im tiefen Wasser angebotenen Naturködern (Köderfischen) fangen lassen. Obwohl auch Rotaugen ihre Futtersuche im Winter nicht einstellen, sind sie von Ende November bis Mitte März nicht leicht zu fangen. Wer sich mit der Stipp- oder Grundrute zum gezielten Angeln auf Rotaugen begibt, der sollte Getreidekörner (Dosenmais oder eingeweichte Hanfkörner) als Hakenköder verwenden, wenig anfüttern und auf die Verwendung der im Sommer so gut funktionierenden Maden und Caster verzichten.

1. Der Winter ist eine schwierige und ungemütliche Angelzeit.
2. Manchmal geht es ums Chillen, nicht um Fangwetter!

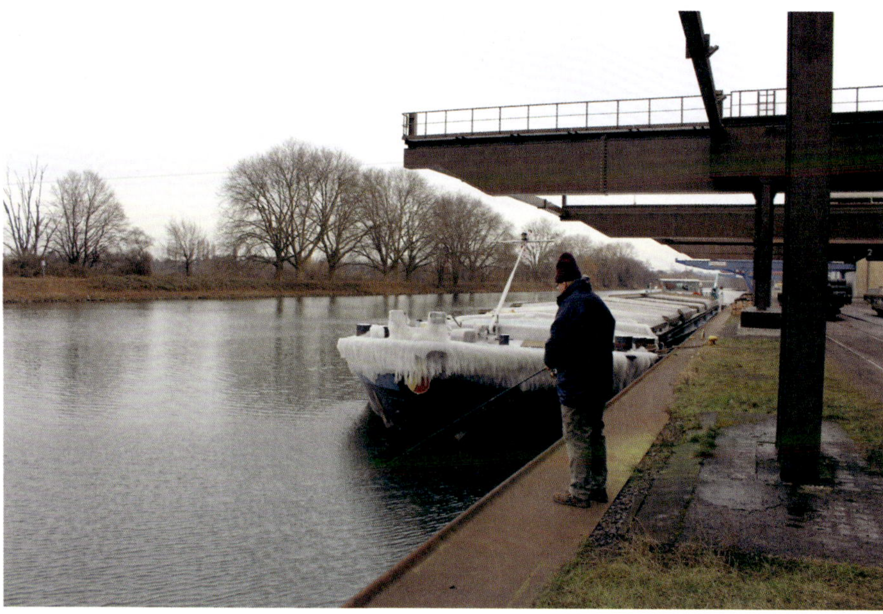

1

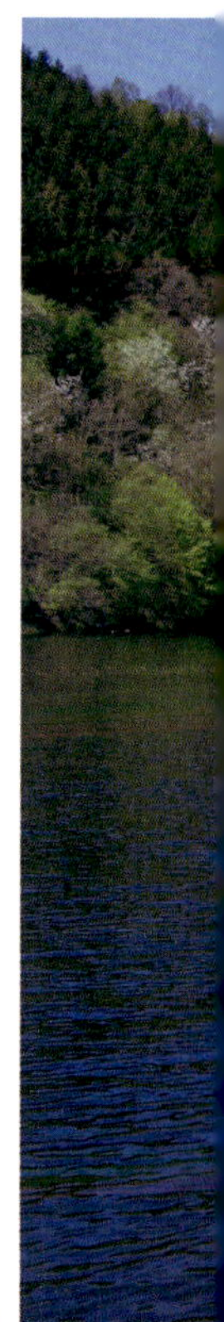

2

In den Wintermonaten sind bei klarem Wetter und Sonnenschein die Nachmittagsstunden die aussichtsreichste Angelzeit. Dann ist das Wasser durch die Sonneneinstrahlung relativ warm und die Lebensgeister der Fische beginnen sich für kurze Zeit zu rühren. Massenfänge darf im Winter niemand erwarten.

Am besten fischt man in fließenden Gewässern. An großen Flüssen sind Schifffahrtshäfen gute Plätze zum winterlichen Angeln auf Raub- und Friedfische. An kleineren Flüssen sind Wehre, Schleusenanlagen und Brücken gute Stellen. An Kanälen sind Schleusen und Brücken ebenfalls aussichtsreiche Abschnitte. An stehenden Gewässern (Seen, Baggerseen, Teichen) sind Bootsangler klar im Vorteil, denn sie können die tiefen Bereiche des Freiwassers nach Hechten, Zandern und Barschen absuchen. Uferanglern bleiben an winterlichen Stillgewässern wenige Hotspots. Sie sollten ihr Glück an Bacheinläufen, in Yachthäfen oder an Steilufern versuchen.

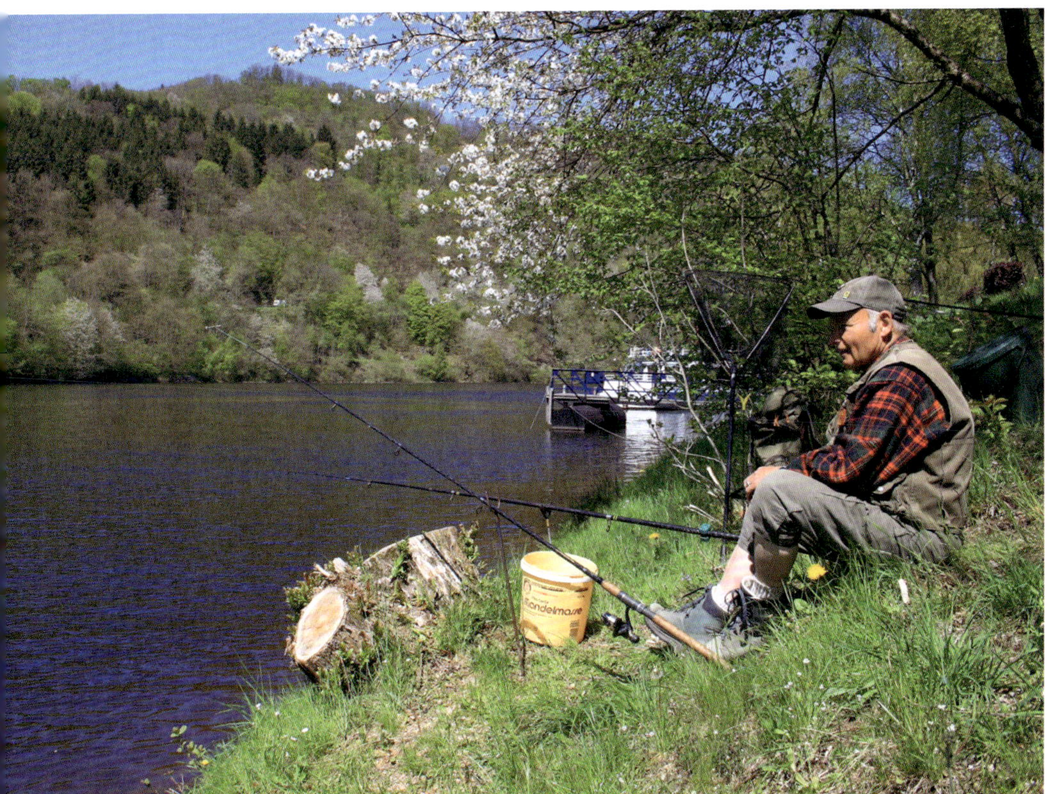

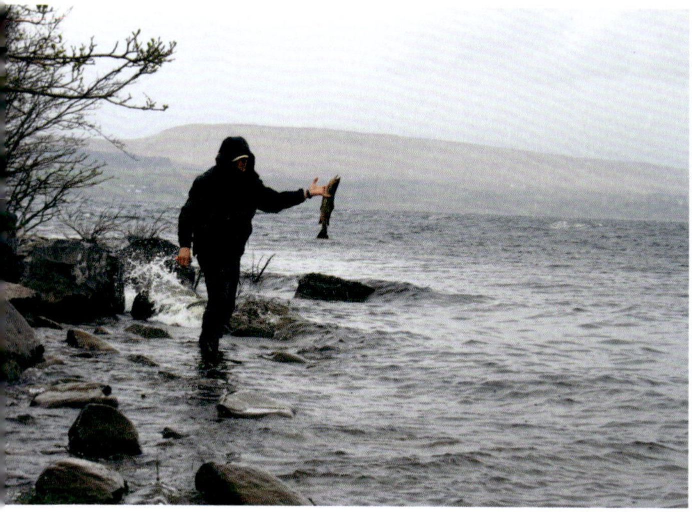

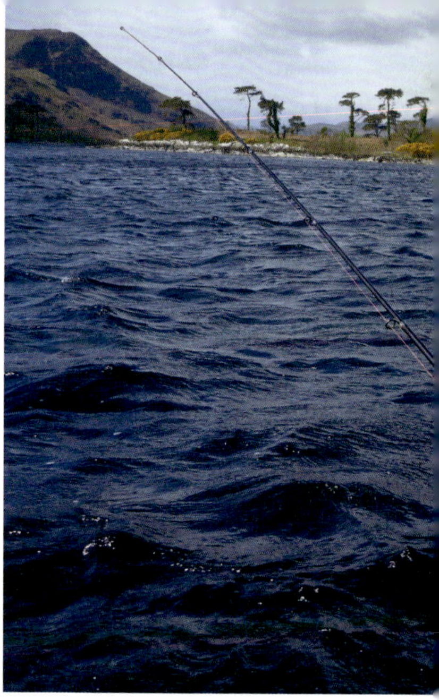

1

1. Tiefhängende Wolken und Nieselregen sind stets gute Bedingungen zum Raubfischangen.

2. Wind bringt Sauerstoff ins Wasser und macht die Fische munter.

3. Strahlend schönes Wetter bringt meist nicht die erhofften Großfische. Kleine beißen aber auch bei Kaiserwetter.

GUTES WETTER, SCHLECHTES WETTER

Wenn ein Gewässer nicht gerade von Unwettern heimgesucht wird oder von einer dünnen und den Menschen nicht tragenden Eisschicht bedeckt ist, kann man zum Angeln ausrücken, denn selbst auf zugefrorenen Seen ist es möglich, durch ein Eisloch zu fischen. Angler können also bei Regen, Wind, Hitze, Kälte und Schneefall ihrem Hobby nachgehen und jeder Petrijünger sollte dann fischen, wenn er Lust und Laune verspürt; allerdings gibt es fürs Angeln günstige, weniger günstige, schlechte sowie (fast) aussichtslose Wetterverhältnisse, denn das Wetter spielt für den Fangerfolg eine viel entscheidendere Rolle als viele Angler wahrhaben möchten.

Die Kombination aus Wind, Luftdruck, Licht und Temperatur ist es, die das Beißverhalten der Fische beeinflusst, wobei es wichtig ist, keinen dieser vier Faktoren isoliert zu betrachten, da sie ineinandergreifen und sich so günstig oder ungünstig auf den Fangerfolg auswirken können. Die Stellung des Mondes muss als fünfter Faktor stets mit berücksichtigt werden.

WIND

Windige Tage sind besonders an stehenden und langsam fließenden Gewässern meist deutlich bessere Fangtage als solche, an denen sich kein Lüftchen rührt und die Wasseroberfläche spiegelglatt ist. Erstens bringt Wind Sauerstoff ins Wasser, was den Stoffwechsel der Fische anregt und sie beißfreudiger macht,

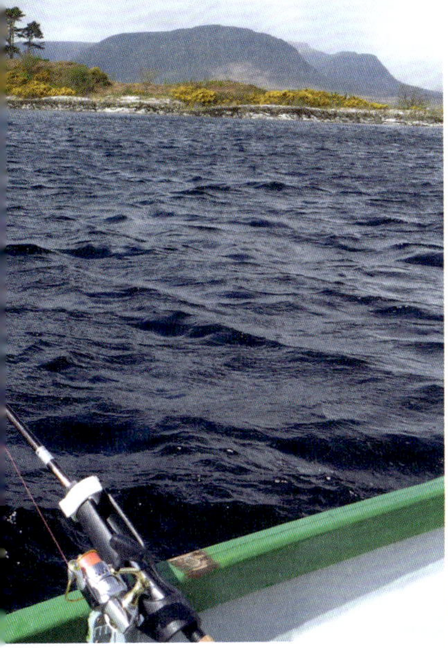

2

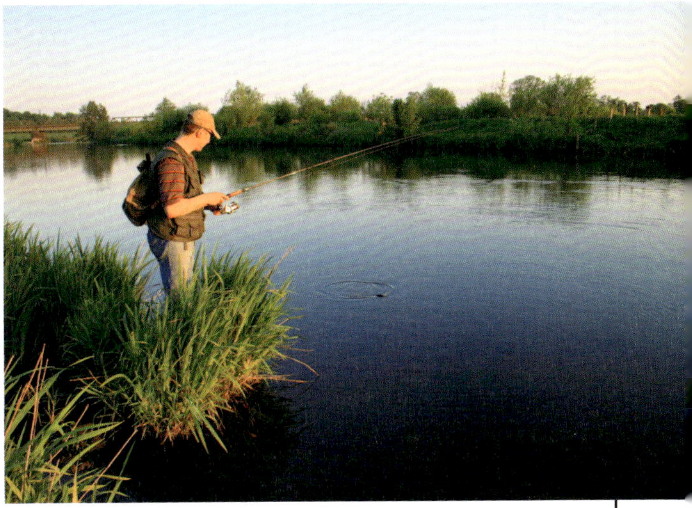

3

und zweitens bietet eine durch Wind gekräuselte Wasseroberfläche für Spinn- und Fliegenfischer den Vorteil, dass ein Kunstköder von den jagenden Raubfischen schemenhafter wahrgenommen wird, sie ihn also nicht so kritisch beäugen können wie in stehendem und vom Winde völlig unberührten Wasser. Kontinuierliche Windverhältnisse sind stets gut, dabei ist es fast egal, aus welcher Richtung der Wind weht. Südliche und westliche Winde in Kombination mit bedecktem Himmel sind von Frühjahr bis Herbst ganztägig gute Wetterbedingungen. Bei Windstille sind im Frühjahr und Sommer die Morgen- und Abenddämmerung die besten Zeiten zum Angeln. Peitscht der Wind das Wasser aber dermaßen auf, dass es Schaumkronen trägt, sind die Fangaussichten in der Regel sehr gering.

LUFTDRUCK

Fische scheinen konstante Luftdruckverhältnisse zu mögen. Dies gilt sowohl für Hoch- als auch für Tiefdruckgebiete. Bei Raubfischen ist es so, dass sie Tiefdruckgebiete

„FOLGE DEM WIND!“

Zwar ist das Werfen gegen den Wind nicht gerade bequem und im Wind zu stehen alles andere als gemütlich; trotzdem lohnt es sich an der dem Wind zugewandten Seite eines stehenden Gewässers zu fischen, denn dorthin wird das Futter für Friedfische getrieben, was zur Folge hat, dass sich auch Raubfische dort einfinden.

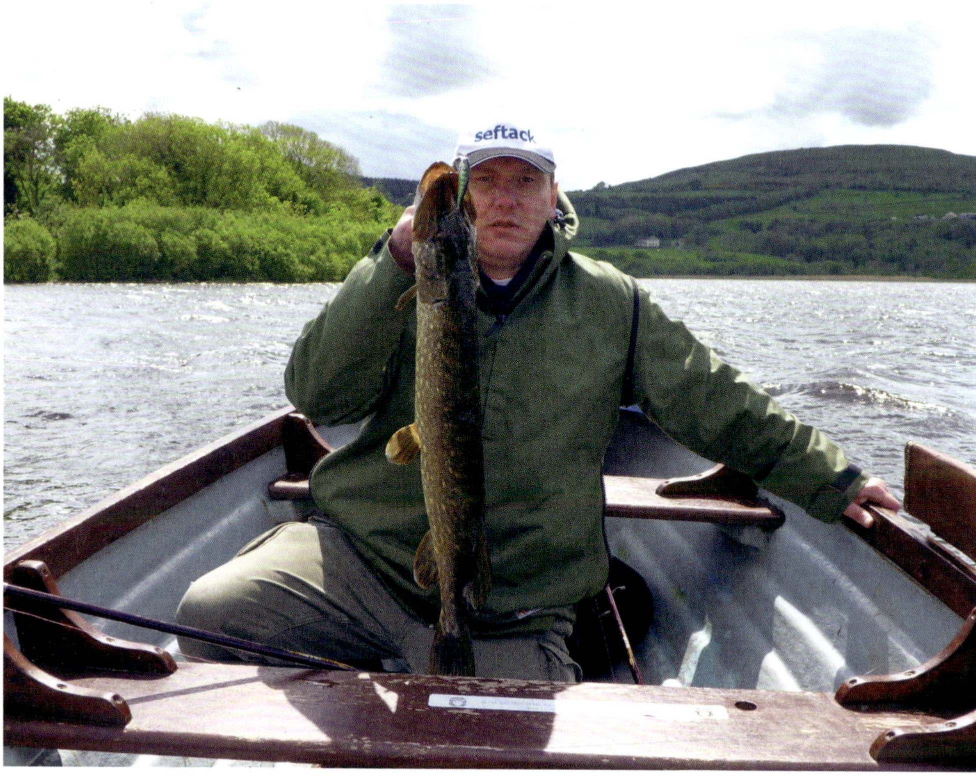

Niedrige Temperaturen machen die wechselwarmen Fische träge. Spinnfischer sollten ihre Köder dann langsam führen.

(tiefhängende Wolken, Regen und Wind) weit höher schätzen als Hochdruckgebiete. Im Winter ist es jedoch umgekehrt, weil Hochdruckgebiete dann mit ihrer intensiven Sonneneinstrahlung das Wasser erwärmen und den Stoffwechsel der Raubfische antreiben. Wichtig ist die Konstanz des Luftdruckes, ein rascher Wechsel von Hoch- und Tiefdruckgebieten schlägt Fischen auf die Beißlaune. Gute Bedingungen findet man meist erst dann vor, wenn die Wetterverhältnisse über drei, vier oder mehr Tage konstant bleiben.

LICHT

Greller Sonnenschein ist zum Angeln nicht günstig. Dies wird jeder erahnen können, der sich mit dem Verhalten von Fischen beschäftigt, denn sowohl Fried- als auch Raubfische sind „Heimlichtuer" und möchten weder von Kormoranen und Reihern noch von anderen Fischfressern beobachtet werden. In sehr klaren Gewässern ist das Angeln bei wolkenlosem Himmel daher nicht sehr aussichtsreich. Schönwetterperioden sollten Angler daher tagsüber für andere Beschäftigungen nutzen und ihre

Köder erst in der Abenddämmerung auslegen.
Grelle Lichtverhältnisse bieten Anglern jedoch auch einen kleinen Vorteil, nämlich den des etwas leichteren Aufspürens von Standplätzen. Bei Sonnenschein sind Barsche, Hechte und (dort wo das Wasser tiefer als etwa zwei Meter ist) auch Zander unter Bootsstegen, Brücken, ins Wasser gestürzten Bäumen, Seerosenfeldern und anderen Unterständen anzutreffen und lassen sich mit dicht an diesen „Dächern" angebotenen Ködern befischen. Prinzipiell ist aber ein bewölkter und zugezogener Himmel wesentlich aussichtsreicher fürs Angeln.

TEMPERATUR

Frische Lufttemperaturen bedeuten nicht unbedingt, dass es auch den Fischen in Seen und Flüssen zu kalt ist. Erst wenn ein Gewässer im Winter niedrige Wassertemperaturen erreicht, schlagt dies den Fischen auf die Beißlaune. Dasselbe gilt für sehr hohe Wassertemperaturen im Hochsommer. Wer in den Monaten Juli und August bei Außentemperaturen von mehr als 30 Grad Raubfische fangen möchte, der muss in den sehr späten Abendstunden, in der Nacht oder am sehr frühen Morgen angeln.
In heißen Sommern kann ein Gewitter für eine kurzfristige Abkühlung und Sauerstoffanreicherung des Wassers sorgen und so die Fische für eine kurze Beißzeit aus ihrer Lethargie wecken.

MONDPHASEN

Die Mondphasen spielen nicht nur beim Nachtangeln eine wichtige Rolle, sondern üben auch tagsüber einen nicht zu unterschätzenden Einfluss auf die Fische aus. Ob es mit der zu- und abnehmenden Anziehungskraft zwischen zwei Neumondphasen zu tun hat oder ob der Mondschein Einfluss auf die Fressaktivitäten der Fische nimmt, wird in Anglerkreisen zwar seit vielen Jahren diskutiert, aber auch Zoologen und Fischereiwissenschaftler können diese Frage nicht erschöpfend beantworten. Fest steht, dass Fische im Verlauf der

Die Mondphasen spielen nicht nur beim Nachtangeln eine wichtige Rolle.

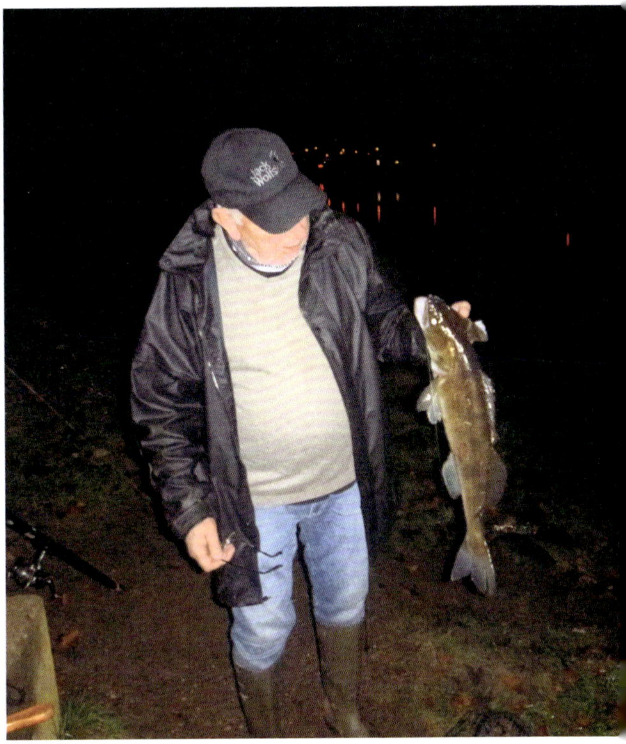

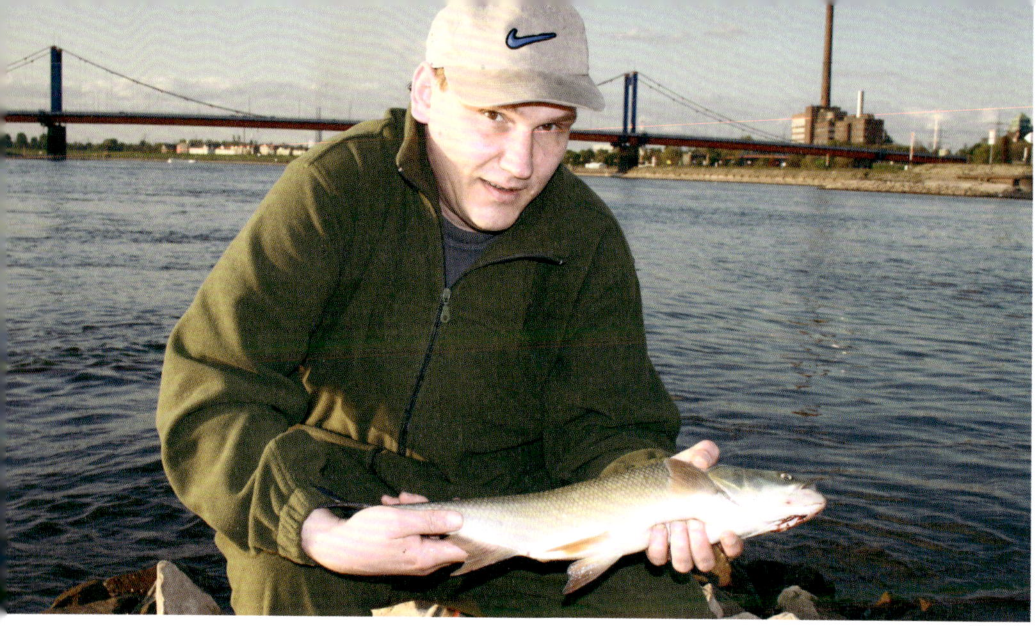

1

1. Wetterkunde hin oder her: Man sollte angeln, wann immer man möchte. Dieser Rapfen biss bei „falschem Wetter".

2. Egal wie und worauf Sie angeln, ich wünsche eine schöne Zeit am Wasser.

Mondphasen unterschiedliche Verhaltensweisen zeigen. Dabei ist es für Angler wichtig zu wissen, welche Fischart sich wie verhält. Bei Vollmond beißen Barsche, Hechte und Aale eher schlecht. Anders sieht es beispielsweise bei Zandern, Forellen und Weißfischen aus, bei ihnen scheint der Mond keinen Einfluss auf die Beißfreude zu nehmen.

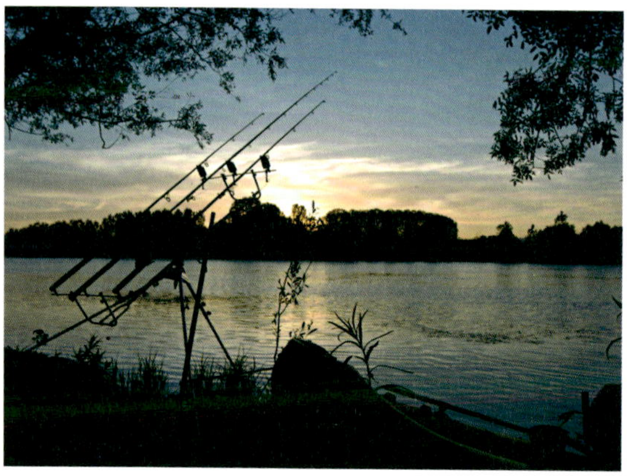

2

ZUM SCHLUSS …

bedanke ich mich für schöne Stunden am Gewässer, Tipps, Tricks, Kniffe, Ratschläge sowie die freundliche Überlassung von Fotos bei Günni Sareyka, Mike Lobsch, Marcel Schneider, Jürgen Jahn, Cezary Felix Rybczynski, Stefan Waltermann, Thomas Schlömer von Toms Fishing Tours sowie Nenad Ignjatov von der Firma *seftack* (seftack.de) und Gregor Bradler von Big Fish Media.

BILDNACHWEIS

Mit 13 Farbfotos von Ben Boden (Seiten 11, 15, 39, 40 u., 43, 47, 51 o., 60, 62, 94, 100, 124, 128), acht Fotos von Gregor Bradler (Seiten 8 0., 21 r., 26-27, 38, 51 u., 55, 68 l., 92), 95 Fotos von Markus Bötefür, (Seiten 4, 6–7, 8 u., 10, 11 u., 12, 16,17, 18, 19, 20, 21, 22, 23, 24, 25, 28, 30, 32, 33, 34, 37, 42, 53, 61, 64–65, 66, 68 r., 69, 71, 72, 73, 74 o., 75, 76–77, 78, 80, 81, 82, 83, 84, 85, 86, 87, 88, 89, 90, 91, 95, 96, 97, 98, 99, 100 o., 103, 104, 105, 106, 107, 108, 109, 110 o., 111, 112-113, 114, 117 o., 118, 119, 120, 121, 122, 123, 124 o.) fünf Fotos von Nenad Ignjatov (Seiten 40, 48, 74 unten, 110 o., 117 u.), zwei Fotos von Cezary Felix Rybczynski (Seiten 31, 116), sechs Fotos von Günni Sareyka (Seiten. 35, 49. 52, 54, 70), einem Foto von Thomas Schlömer (Seite 45) sowie einem Foto von Bernd Taller (Seite 36)

Mit 5 Illustrationen von Claus Caspari (Seiten 41, 44, 57, 58, 63) und 5 Illustrationen von Kai Elzner (Seiten 13, 14 und 15)

IMPRESSUM

Umschlaggestaltung von Jorge Schmidt unter Verwendung eines Farbfotos von Kzenon/Shutterstock.

Mit 133 Farbfotos und 10 Illustrationen.

Unser gesamtes Programm finden Sie unter **kosmos.de**.
Über Neuigkeiten informieren Sie regelmäßig unsere Newsletter, einfach anmelden unter **kosmos.de/newsletter**

Gedruckt auf chlorfrei gebleichtem Papier

ISBN 978-3-440-17577-4
Redaktion: Ben Boden
Gestaltungskonzept: Peter Schmidt Group GmbH, Hamburg
Gestaltung und Satz: DOPPELPUNKT, Stuttgart
Produktion: Markus Schärtlein
Druck und Bindung: Westermann Druck. Zwickau
Printed in Germany / Imprimé Allemagne

FSC
www.fsc.org
MIX
Papier aus verantwortungsvollen Quellen
FSC® C110508

Fangen, Zubereiten — und Genießen

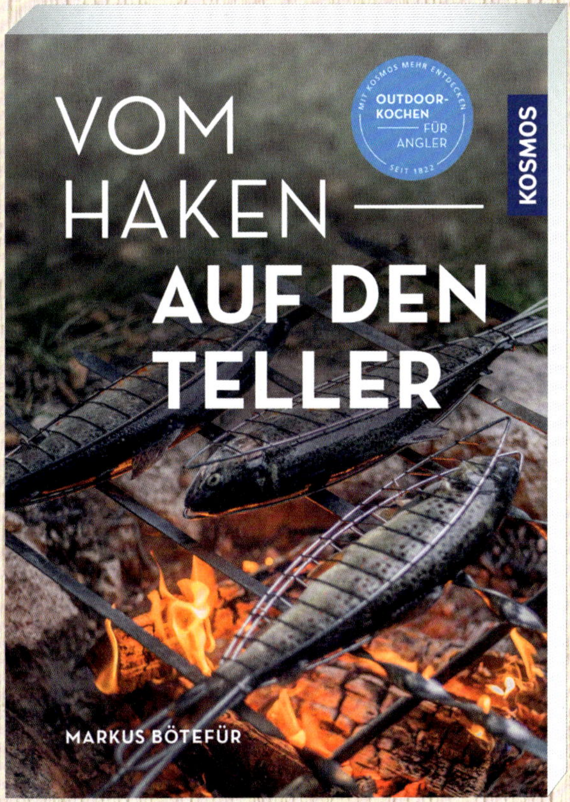

128 Seiten, ca. €(D) 18,00

Mit Freunden am Wasser unterwegs, auf der Pirsch nach dem nächsten Fisch und den Fang dann auch gleich zubereiten – das ist Abenteuer-Romantik pur! Der Autor erklärt, welche Fische sich besonders gut für die Outdoorküche eignen und wie man sie lecker zubereitet. Dazu gibt es Tipps für passende Gewürze, Beilagen und Getränke.

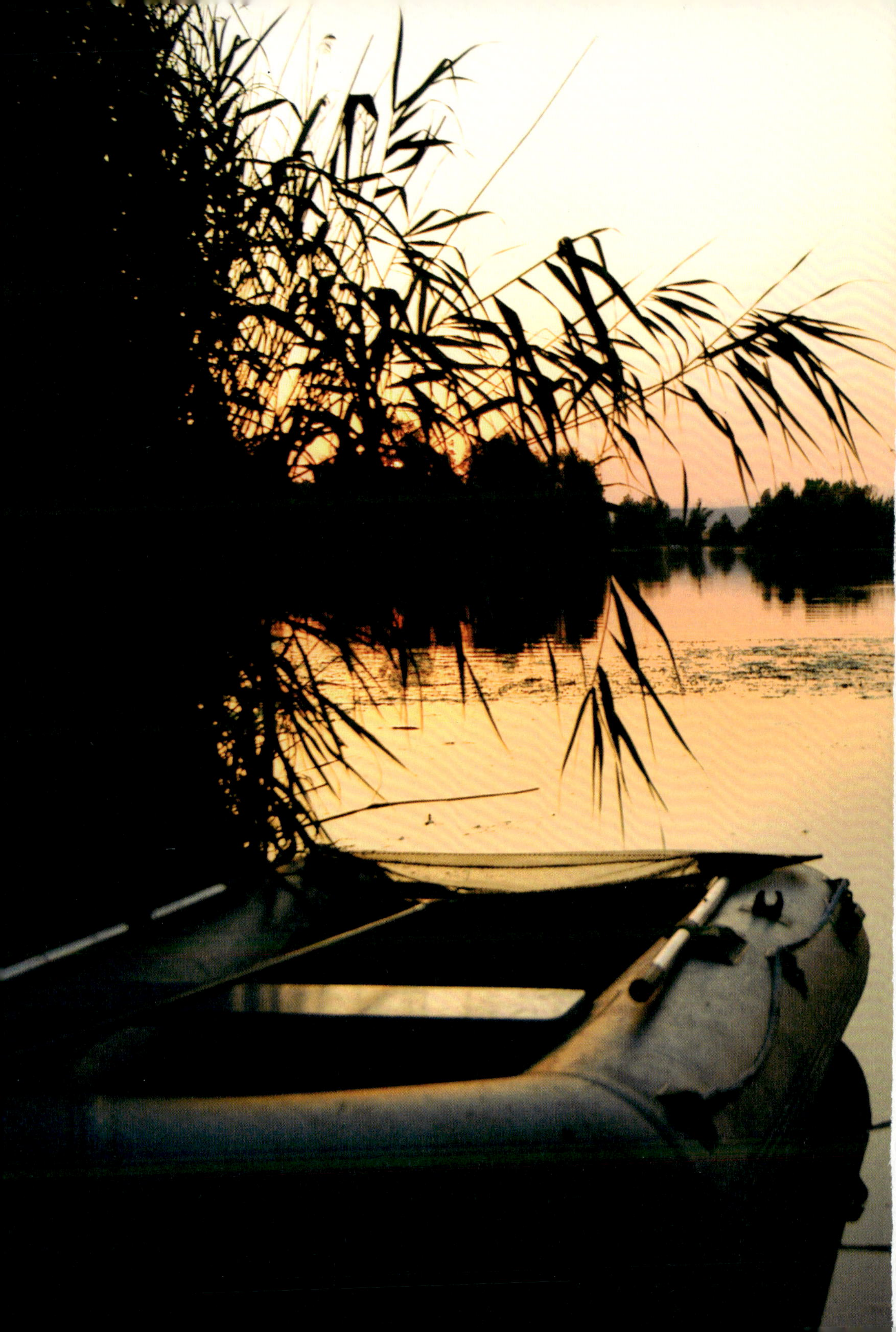